De bulle en bulle

Lucie Guiot

De bulle en bulle

LE LYS BLEU
ÉDITIONS

ISBN : 979-10-377-9538-0

Avant-propos

Je n'ai pas la prétention d'être une grande auteure. J'ai juste souhaité écrire ce témoignage à ma façon, du plus profond de mon cœur, pour les familles qui auraient besoin de le lire, tout comme j'aurais aimé le faire moi-même. Retracer notre parcours semé d'embûches, de maladresses, d'incompréhensions, un chemin où l'errance nous mène souvent vers l'obscurité, noyés dans une profonde fatigue, aux côtés de nos deux fils que nous aimons très fort.

Je débute l'écriture de ce livre alors que notre petit bonhomme vient d'avoir trois ans. Le climat familial est devenu tellement particulier et atypique, loin de ce que j'imaginais en mettant au monde mes enfants.

De paragraphe en paragraphe, le temps s'écoule, dans l'attente d'un diagnostic. Nous tentons d'affronter le quotidien, tant bien que mal. Souvent, nous le subissons et cherchons une manière de nous adapter à ce petit bout d'homme si étrange, incompréhensible, une sorte d'adorable pétard prêt à exploser, sans artifice.

Un jour, le résultat tant attendu est tombé, sans surprise pour nous : Baptiste est atteint d'autisme de haut niveau, le syndrome d'Asperger.

En tant que maman, je me suis toujours posé mille et une questions, anxieuse, soucieuse de bien faire. Avec notre premier fils, Benjamin, j'ai appris à doser, à décider et à cadrer. J'ai apprécié le voir grandir, s'épanouir. J'ai souvent ri, spectatrice comblée par son humour et sa joie de vivre. Très fière de notre éducation, mélange d'amour, de tendresse, d'autorité et de dialogues, je me suis crue parée pour le petit deuxième.

L'image que j'avais de la maternité et de la parentalité s'est soudainement écroulée. Enceinte déjà, mon humeur me surprenait. Je passais du rire aux larmes si rapidement, je pouvais me montrer patiente, dévouée, et éprouver tout à coup un sentiment démesuré de colère. La fatigue me terrassait, je manquais d'énergie, je me sentais peu optimiste, mais rien de tout cela ne m'alarmait, entre les hormones, mon ventre rond et Benjamin à occuper…

Dès ses premières heures de vie, ses premières tétées, ses premiers changes, j'ai su que Baptiste serait particulier. Un pressentiment qui ne s'explique pas, l'instinct maternel peut-être… J'ai deviné que nous allions devoir batailler avec et pour notre fils.

Il refusait la tendresse.

N'aimait pas le bain.

Se crispait quand on l'habillait, au point de devoir tirer de force sur ses minuscules bras pour enfiler un simple body.

Laissait aller des larmes et des cris excessifs sans forcément être adéquats aux situations.

N'a jamais montré d'attirance pour la nourriture. Jusqu'à ses neuf mois, il a dédaigné les petits pots, industriels ou maisons. Plus tard, il a refusé les plats de la tablée familiale. Il n'acceptait que trois sortes de petits pots industriels, sans morceau. Une marque précise, dont le packaging importait. À présent, à l'aube de ses six ans, il se nourrit exclusivement de pâtes, avec du curry, du parmesan et beaucoup de sel. Il apprécie les fruits (ouf !), les gâteaux apéritifs, le saucisson, et les goûters.

Déteste la vie en société. Les réunions de famille s'avèrent un enfer pour lui et donc pour nous. Il hurle, veut que je le porte, surtout pas assise, debout, le plus haut possible, serré, mais pas trop, en balançant de gauche à droite.

Refuse de se mêler aux autres enfants.

Ne sait pas exprimer ses besoins.

Ne tient absolument pas compte des nôtres.

Sa « différence » ne se voit pas. Personne ne la suspecte en le rencontrant. Même notre entourage, malgré le diagnostic, a eu du mal à nous croire, à accepter notre détresse, nous si souvent exténués.

Nous nous sentons épuisés, surmenés, jugés et incompris.

Nous nous sentons extrêmement seuls.

Notre fatigue nous isole, nous effraie, nous fait souvent perdre l'espoir d'un quotidien serein et heureux.

Nous aurions aimé trouver un témoignage qui correspond à ce que l'on vit actuellement, sans chercher à comparer les comportements de nos enfants ni à nous rassurer, juste savoir que nous sommes nombreux à apprivoiser l'autisme d'un enfant, qu'il soit de haut niveau ou non, réaliser que, quel que soit le handicap, la famille en pâtit, la famille a peur. Peur du quotidien, peur de l'avenir.

Les mots d'une mère

De tes grands yeux couleur noisette
Tu m'enrubannes de ton charme
Tes lèvres partent à la conquête
De ce sourire qui me désarme

Tes joues dodues douces et rosées
Attirent mes bisous de maman
Pourtant tu préfères esquiver
Ce dont mes lèvres rêveraient tant

Si tu savais combien je t'aime
Même si souvent je tremble d'effroi
Autant de larmes que je sème
Quand tu reflètes mes émois

De tes petits doigts potelés
Tu pars à plein de découvertes
Assoiffé de curiosité
Tu te moques de mes alertes

Et de ce parfum de poupon
Tu m'enivres à m'emprisonner
Comme une infâme condamnation
J'exécute tes volontés

Si tu savais combien je t'aime
Même si souvent je tremble d'effroi
Autant de larmes que je sème
Quand tu reflètes mes émois

Je suis l'esclave de tes humeurs
Du rire aux larmes, quel comédien
C'est toi l'enfant, c'est moi qui pleure
De tes colères pour un rien

Parfois, j'aimerais te blâmer,
Me décharger de ces tensions,
Hurler bien plus que hausser le ton
Oserais-je un jour te frapper

Si tu savais combien je t'aime
Combien je t'aime...
Je t'aime.

Blanche
La chute

Je n'ose pas le regarder en face.

Je m'en veux. Tellement.

Comment une maman peut-elle se comporter ainsi ? Comment ?

L'atmosphère est tendue. Le trajet en voiture des plus silencieux me glace d'effroi. Voilà une dizaine de minutes que nous touillons notre café, attablés au beau milieu de la cafétéria de ce grand supermarché, toujours muets, incapables ne nous regarder dans le blanc des yeux.

Emmanuel a envie de me parler. Je le sens. Je n'ai pas envie, je tente d'esquiver toute tentative de discussion de peur qu'il me remette devant le fait accompli. Il ose un « ça va ? ». En réalité, il se doute de la réponse, mais ignore comment aborder le sujet. Il faudrait pourtant crever l'abcès, laisser les mots franchir nos lèvres afin de s'avouer les difficultés de notre situation. Et moi, bien que consciente de l'importance de nous exprimer franchement, je préférerais m'enfuir, craignant de craquer, de me mettre à pleurer à chaudes larmes au beau milieu du brouhaha de la cafétéria.

À la table en face de nous, j'observe un couple et son enfant. Je les trouve beaux. Le petit doit avoir l'âge de Baptiste, trois ans environ. Ces gens-là semblent respirer le bonheur. La maman regarde son fiston avec tendresse. Le papa le taquine en lui ébouriffant les cheveux, ce qui le fait éclater de rire… Ils paraissent sereins, amoureux, heureux… Voilà qui m'a tout l'air magique, irréaliste… Ça me rappelle nos premiers émois de parents avec notre fils aîné, Benjamin.

Je les envie.

À notre droite, deux mamies refont le monde. J'entends leurs propos. Les rumeurs fusent, ponctuées de commentaires désagréables… J'observe leurs mimiques, satisfaites de s'alimenter de détails croustillants sur la voisine qui serait en froid avec son fiston, le veuf du club de timbres qui était encore ivre de bon matin dimanche dernier, le maire qui aurait une maîtresse bien plus jeune que la précédente, et patati et patata…

Elles m'horripilent.

Je détourne mon attention.

Sur ma gauche, un monsieur à qui la vie a sûrement joué des tours. Son visage en porte les empreintes. Ses yeux s'avachissent sur des coussins de cernes violacés, mais laissent paraître un regard endurci. Sa respiration me semble accélérée. Il est seul. Il a l'air nerveux. Il approche vers sa bouche un verre de bière, les mains tremblantes. Il ne peut s'empêcher de me regarder. Et moi aussi. Je me dis que je ne veux pas lui ressembler. C'est comme s'il déchiffrait mes pensées. Comme s'il me répondait « hé oui ma pauv' dame, la vie est dure… ».

Oui, la vie est dure, très dure. C'est déroutant. J'ai un mari formidable. Deux petits garçons magnifiques et en bonne santé. Et pourtant, ma vie est devenue un cauchemar.

Je me contente d'un hochement de tête évasif pour répondre à Emmanuel. À ma plus grande surprise, il attrape ma frêle main, tendrement. Mon cœur se resserre. Je me sens oppressée et émue. Je ne m'attendais pas à une marque d'affection en ces circonstances.

— Je ne t'en veux pas, me lance-t-il hésitant.

— Moi si. Je m'en veux…

— Je sais. Et tant mieux quelque part…

— Certes…
— T'es allée loin…
— Trop… Je me sens tellement honteuse.
— Tu m'as fait peur. Mais je comprends. Je sais que tu es fragile, et notre vie est devenue compliquée.
— Un enfer… J'en peux plus.
Je sais, moi non plus… T'as besoin de repos…

Ça y est. Les larmes ont eu raison de moi. J'ai déçu mon mari, c'est certain, moi son ivrogne de femme incapable de supporter son môme… Mais il est toujours là, à mes côtés, sa main posée sur la mienne. Cette main, douce et virile qui me rassure. Alors je laisse aller toute ma détresse, ma tristesse, ma colère et ma culpabilité dans une multitude de sanglots. Je camoufle mon visage dans mes bras, loin de moi l'envie de me donner en spectacle ici…

Emmanuel
La chute

Blanche a craqué.

Et je la soupçonne d'avoir soulagé sa détresse plus d'une fois…

Désinhibée.

Incapable de se raisonner.

Elle m'est apparue telle une inconnue, une gamine inconsciente, irresponsable.

Pourtant, c'est une bonne maman. Je dirais même que nous sommes de bons parents. Nous faisons tout pour. Parce que nous nous aimons. Tellement. Cela fait sept ans que nous sommes mariés. Jamais je n'ai douté de notre amour. Notre plus beau cadeau a été la naissance de nos enfants, tant désirés.

L'aîné s'appelle Benjamin. C'est un beau garçon de six ans. Très beau même et intelligent. Curieux, joueur, timide et émotif. Très émotif… Tantôt introverti, tantôt exubérant. Le besoin d'être vu, considéré. Il est câlin, tactile. Bisous, massages, caresses… Blanche a toujours pris plaisir à lui faire des « papouilles ». Il aime inventer des histoires avec sa maman, le soir avant de se coucher. Enfin, tout ça, c'était avant…

Baptiste, le second, a un regard poignant. Deux yeux ronds comme des billes. Un sourire enjôleur et taquin. Comme son frère, il est très émotif, mais il ne sait pas le manifester autrement que par des cris stridents. Lui, il n'aime pas être cajolé, bercé. Il déteste qu'on le touche. Depuis bébé, les changes sont un désastre, sans parler des sorties de bain. Il s'exprime de façon extrême. Soit il est trop sérieux, soit il est agité. Soit il est trop silencieux, soit il hurle à longueur de journée. Depuis sa naissance, Blanche le trouve étrange. Moi j'ai toujours essayé de la rassurer. Il faut avouer qu'elle est de nature anxieuse, il n'y a qu'à constater le baby blues qu'elle nous a fait après la naissance de Benjamin… À présent, je comprends son ressenti. Baptiste, du haut de ses trois ans, se montre de plus en plus étrange et difficile. Une heure à la maison avec lui équivaut à un marathon, en termes de fatigue. Sans l'adrénaline ni les bonnes endorphines…

Alors voilà. Blanche a craqué et je sens que moi je ne suis pas très loin d'en faire autant…

Blanche
Deux âmes perdues

Sur le chemin du retour, je me sens soulagée. Emmanuel me comprend, ne me juge pas. Nous sommes sur la même longueur d'onde. Un homme et une femme fous amoureux. Un homme et une femme désemparés par le comportement de leur deuxième petit garçon.

Je repense à cette soirée.

Je n'arrive pas à me souvenir exactement du choc, de la chute. Je sais juste que j'ai bu. Beaucoup bu. L'alcool m'a rendue euphorique. Je me suis sentie légère et insouciante, comme ça ne m'était pas arrivé depuis longtemps, depuis ma responsabilité de maman d'enfant différent, atypique. Je riais de tout, de rien. Je savourais l'ivresse et « bam ! », je me suis étalée sur une plaque de verglas. Une belle gamelle, la tête la première. Évidemment, je n'ai pas mis les mains, pour quoi faire ? J'aurais été incapable de trouver la serrure avec une clé, je ne sentais plus mon corps depuis longtemps, alors mettre les mains pour atténuer la chute…

Heureusement, la peau, ça se répare. On rafistole avec du fil et une aiguille. On camoufle sous un pansement et on attend que ça cicatrise. On oublie, ce n'est pas grave… Le fond de teint fera des miracles… Quoique, je n'arrive plus à camoufler mes cernes depuis des mois…

Je suis tombée. Physiquement, ça fait mal. Le plus douloureux reste psychique, car je ne me suis pas relevée. L'épuisement psychologique. La détresse.

Alors on fait quoi ?
On attend le diagnostic de Baptiste… Comme deux âmes perdues.

J'admire Emmanuel. Il semble rester digne. Soucieux de son travail. Attentionné comme il peut avec Benjamin et moi. Avec Baptiste, il fait preuve d'une patience que j'envie, une patience qui m'échappe de jour en jour.

Benjamin
Hé ho ?

Hé ho ?
Je suis là !
Vous me voyez ? Vous m'entendez ?

Ben voilà. Comme tous les jours… Je pourrais débarquer de bon matin déguisé en Schtroumpf qu'ils ne me verraient pas…

Heureusement, y a l'école. C'est sympa l'école. J'ose pas trop aller vers ceux que j'connais pas, mais les filles, elles viennent tout le temps jouer avec moi à la récrée. Y en a même qui veulent être mon amoureuse. Sauf Flora. Pourtant, moi j'aimerais bien que Flora soit mon amoureuse. Elle est belle. Elle a de beaux cheveux longs comme maman. Je l'épouserais et on aurait un bébé. Mais un bébé normal hein ! Pas comme mon petit frère hein ! Parce que Baptiste, il crie tout le temps. Et pis à cause de lui, hé ben papa et maman ils ont jamais le temps…

Blanche
Bonjour docteur

— J'avoue ne pas vous comprendre madame…

Notre généraliste me regarde, les yeux écarquillés, remplis de surprise et d'interrogations. Je devine que ce rendez-vous ne m'aidera pas à remonter la pente, qu'il en découlera encore un profond sentiment d'isolement et d'incompréhension.

— Le centre de ressource autistique ? rebondit-elle à mes fragiles explications. Mais enfin, Baptiste est tellement mignon quand il vient ici…

***

Qui a dit « qu'autiste » était le contraire de « mignon » ? Comme toujours, je laisse aller un sourire de façade et je réponds vaguement.

— Je sais docteur… Je sais.

— Baptiste me regarde dans les yeux, il entre en interaction avec moi. Il joue et raconte des tas de choses, avec un tel langage qui plus est ! Il ne présente aucun retard particulier, sa courbe de croissance reste dans la norme.

— Oui docteur… Je sais.

— Vous savez, on en voit des enfants à côté de la plaque !

— Un autiste n'agit pas de la sorte, vous saisissez ?

***

Voilà, comme la plupart des gens, mon médecin traitant refuse d'entendre le problème. Et dans son cas, je comprends bien. À chaque fois que j'amène Baptiste en consultation, il joue sagement dans le cabinet, laisse aller des sourires rigolos, sans trop me lâcher la main ou la cuisse quand même… Mais moi je devine sa capacité d'adaptation, ce masque qui me surprend et me fait moi-même douter… Cet enfant-là en train de sourire en s'occupant silencieusement, je ne le connais pas, ce n'est pas du tout le même qu'à la maison. Est-ce sa façon à lui de « muter » pour se fondre dans la masse ? Le sourire qu'il affiche me paraît si caricaturé. Et ses réponses aux questions du docteur sont des phrases toutes faites, apprises par cœur…

Néanmoins, le toubib écoute et constate ma détresse, ma fatigue. La chute physique (ça fait mal ces foutus points de suture au menton. Ma mâchoire me fait encore énormément souffrir). Ma tension est basse, un petit neuf qui confirme mon état.

Hé oui, conclut le médecin, il est temps de vous arrêter de travailler. Quelques semaines pour vous reposer, d'accord ? … Pour votre traitement, je vous renouvelle l'ordonnance d'antidépresseurs et d'anxiolytiques…

Me reposer ? Avec Baptiste ?
Ça va être coton…

Touille
J'ai faim

Mmmmmm ! Comme il est bon de se prélasser devant le poêle… Il fait si froid dehors, je suis bien mieux au chaud.

Quoique… C'est quoi ces cris ?

Dans la cuisine, Baptiste mène la vie dure à Blanche, ma gentille maîtresse… Il est fou ce marmot ! « Je veux un cacaoooooooooo ! » hurle le petit démon… Bonjour les décibels ! Vous imaginez si je miaulais tout fort « Je veux des croqueeeeeeeettes ! » ?

À ce propos, mon petit ventre gargouille. Joyeuse, je descends les escaliers et tombe nez à nez avec Bulle… Elle me souffle sauvagement. Elle est persuadée que ça m'effraie, elle semble si fière d'elle. Pourtant, si j'esquive son souffle, ce n'est pas par peur, c'est juste qu'elle a une haleine de vieille chatte affreuse. Je déteste quand elle fait ça. Pour sa défense, je suis arrivée il y a peu dans cette famille et Bulle se montre très jalouse. Que voulez-vous ? Je suis minuscule, toute douce et très rigolote. De plus, je ne miaule jamais, je « roucoule », ce qui a le chic de rendre ma maîtresse béate et moi j'adore quand elle me gâte…

Mais, mais… Mais ! Comment ça ? Ma gamelle est vide ? J'entends des pas lourds qui me suivent, c'est Bulle qui se moque de moi.

— Ben oui gamine, tu vois bien que Blanche est occupée.

— Mais j'ai faim !

— Faut attendre princesse, elle prépare le cacao du petit… Enfin, elle essaie…

Moi j'ai la dalle ! Quand on laisse un bébé affamé il hurle jusqu'à ce qu'on lui fourre un biberon entre les lèvres, alors imaginez, du haut de mes 6 mois, difficile d'attendre ! Allez hop, je vais lui jouer le grand jeu à ma maîtresse, c'est pas un cacao bruyant qui va me faire abandonner tout de même…

De ma plus belle posture féline, je m'élance gracieuse et sautillante puis je me faufile entre les jambes de Blanche. Le ronronnement délicat, je laisse échapper le magnifique « rouuuuuu » qu'elle aime tant. Elle n'y attache aucune importance, trop énervée par le petit gueulard qui répète en boucle « je veux un cacao »…

— Mais Baptiste c'est du cacao !

— Nonnnnn ! Pas ça ! Je veuuuuuux un cacao !

— Regarde, c'est du cacao !

— Le lapin !

— Oui, tu veux le cacao avec le lapin, j'ai entendu ! Tu l'as terminé hier ! Il n'y en a plus, là c'est celui avec le bonhomme rigolo !

— Haaaaaaaaaa !

Holà ! hé ho ? Miaou ? Maîtresse tu me vois ? Visiblement non, elle regarde Baptiste l'air abattu. Il casse les oreilles et il fait des trucs bizarroïdes avec ses yeux. Et ses mains, hi hi, on dirait un lémurien… bon… J'ai faim… Je vais tenter de roucouler encore, elle va adorer…

— Touille deux minutes ! Je ne peux pas être partout…

Ma maîtresse me rejette ? Moi… sa petite Toutouille adorée ? Je devine le regard dédaigneux de Bulle derrière moi. Je rebrousse chemin, les oreilles baissées… Ma maîtresse m'a rejetée. Et mon ventre gargouille… J'entends un vilain grognement de Bulle quand je passe devant elle. Furieuse, je ne peux m'empêcher de lui lancer un petit coup de patte : je suis énervée et j'ai faim ! Je suis triste aussi…

La garce se met à me grogner encore plus fort et à miauler comme si je lui avais planté les griffes !

— Ça suffit vous deux ! foutez-moi le camp ! s'exclame Blanche, excédée.

— Ça suffit vous deux ! foutez-moi le camp ! répète Baptiste en hurlant.

Je détale comme l'éclair, monte quatre à quatre les escaliers, freinée soudain dans mon élan. Benjamin, assis sur une marche de l'escalier, cache sa tête entre ses mains. Je me frotte à ces genoux en ronronnant. Il pleure. Il m'attrape et me sert fort. Un peu trop fort. Mais tant pis, je crois qu'il a besoin d'un « châlin »… Et moi aussi…

Blanche
Depuis le premier jour

Je suis en arrêt maladie depuis quelques jours déjà. Je tourne en rond. Je n'arrive pas à retrouver l'énergie ni la joie de vivre malgré les antidépresseurs et les anxiolytiques.

Je fais bonne figure. Surtout pour mon Benjamin. C'est un adorable petit garçon. J'ai beau lui accorder le peu de temps qu'il me reste, je sens qu'il souffre. Je le compare souvent à une éponge qui se remplit, se gorge, gonfle encore et encore, jusqu'au moment où elle dégouline. Il faut alors un certain temps pour tout essorer. D'ailleurs, Emmanuel et moi avons décidé de l'emmener voir la psychologue, car nous nous sentons démunis pour l'aider. Il a besoin d'une personne autre que nous pour lui expliquer notre vie atypique.

Nous avons une excellente psychologue, Estelle. Elle est la seule personne qui a pris le cas de Baptiste au sérieux, la seule professionnelle à nous avoir réellement écoutés. C'est elle qui nous a alertés quand nous lui avons décrit notre quotidien. Elle nous a orientés vers le centre de ressources autisme. Nous l'avons vécu comme un soulagement, une spécialiste nous entendait enfin et confirmait nos doutes. Enfin une oreille bienveillante et compréhensive ! Une petite lueur d'espoir pour trouver la raison de nos déboires, une petite lueur d'espoir pour envisager des solutions et imaginer retrouver la sérénité dans notre famille. À présent, je la consulte régulièrement, mon mari également. Je crois qu'elle saura accompagner Benjamin.

En arrêt maladie, me voilà d'autant plus plongée dans le quotidien avec les enfants. Je réalise qu'au moins quand je travaille, j'échappe à ma vie de mère frustrée, éreintée, dans l'incompréhension. Je ne saisis pas les réactions disproportionnées de Baptiste. Je m'épuise à veiller sur lui et à rebondir le plus calmement possible face à ses colères hystériques. J'essaie de me souvenir de tous ces mois écoulés, à chercher l'évènement ou le jour où tout a basculé, en vain. Je crois que rien n'a jamais fonctionné avec lui, ce sont les propos que j'ai tenus à Estelle lors de notre première rencontre et ce sont ces mots qu'elle a soucieusement soulignés. Pourtant, je me rappelle les premières minutes magiques de la naissance de Baptiste, cette joie immense, cette envie de mener notre famille vers le plus bel avenir…

Arrivée en salle de travail, les contractions irradiaient tout le bas de mon dos. Je m'appliquais consciencieusement à mettre en pratique les exercices de respiration afin d'apprivoiser au mieux la douleur. La sage-femme, souriante et rassurante, prit soin de me féliciter pour mon attitude sensée, puis noua le dialogue avec nous, histoire de me détendre.

— Alors, avez-vous choisi un prénom pour ce petit bonhomme ?

— Baptiste, ai-je répondu entre deux contractions.

— Et vous m'avez dit que le premier s'appelle Benjamin, c'est ça ?

— C'est ça.

— Benjamin et Baptiste ? Oh là là…

— Quoi donc ?

— Je vous préviens, j'en connais des parents qui ont prénommé l'aîné « Benjamin » et le deuxième « Baptiste » !

— Ha oui ?

— Ça promet, apparemment ils sont terribles les Baptiste…

Naïvement, Emmanuel et moi avons échangé un regard complice, l'air de dire « tu parles »… Jamais je n'aurais cru que ces propos pourraient résonner en moi.

Baptiste est arrivé très vite. Une lettre à la poste. Début du travail vers 19 h, naissance à 23 h 30. Les sages-femmes ont lancé les paris, viendra-t-il ce soir ou cette nuit ? Bébé express a satisfait les parieuses de la fin de soirée. Après seulement trois heures en salle de travail, la sage-femme m'a d'abord invitée à pousser puis m'a immédiatement demandé d'arrêter. La tête pointait déjà le bout de son nez. Un accouchement rapide et hyper facile, aucun acharnement à pousser fort. Une chance. Elle m'a proposé d'attraper moi-même mon bébé. Moment merveilleux que je ne pourrai jamais effacer de ma mémoire. J'ai saisi le minuscule corps de mon fils, tout mouillé, mais il m'a semblé déjà tout propre. J'ai posé ce petit bout de moi sur ma poitrine, tout recroquevillé et violacé, le cou dodu, les yeux mi-clos. J'ai découvert pour la première fois le son de sa voix. Il pleurait très fort. Emmanuel, blagueur, s'est exclamé « Hé bien ! Ça promet ! ». Les pleurs se sont éternisés, mais je me sentais tellement heureuse de le tenir enfin contre moi, fière de l'avoir mis au monde si facilement. Je lui ai proposé le sein, ce qui l'a immédiatement apaisé. Il a attrapé très aisément le téton et s'est mis à téter goulûment. J'avais tellement galéré à allaiter Benjamin que je n'en revenais pas ! Tout se passait parfaitement bien, je me sentais prête à démarrer notre nouvelle vie à quatre.

Quand je suis montée en chambre, Baptiste dormait à poings fermés dans son petit berceau de la maternité, enroulé dans une minuscule couverture. Il semblait serein, calme, en confiance. Contrairement à son grand frère qui avait hurlé durant toute sa première nuit, Baptiste ne s'est pas réveillé une seule fois. La jeune maman que j'étais n'avait plus qu'à se reposer également. J'ignore pourquoi, mais je ne suis pas parvenue à fermer l'œil. Je me sentais épuisée, comme toute maman après un accouchement, mais impossible de m'endormir. J'ai observé mon fils. Longtemps. Puis, l'inquiétude a commencé à me gagner sans que je n'en saisisse la source. Plus je le regardais, plus j'avais l'impression de faire face à un étranger. Je détestais ressentir cela. Je me persuadais que c'était normal, probablement à cause de la chute hormonale soudaine cumulée à la fatigue de la naissance. Mais quelque chose en moi, un pressentiment inexplicable, gâchait ce précieux moment de silence.

Au petit matin, j'ai téléphoné à Emmanuel, pressée de lui annoncer que notre tout petit avait dormi toute la nuit ! Pas une larme, pas une tétée ! Nous avons pensé « génial, nos futures nuits seront moins terribles qu'avec Benjamin » ! Je lui ai raconté que la puéricultrice avait insisté pour le réveiller vers 6 h du matin, alors que je venais enfin de m'endormir. Il fallait l'allaiter pour lui éviter une hypoglycémie m'a-t-elle expliqué. À contrecœur, j'ai sagement écouté ses conseils, mais intérieurement, je bouillais de colère ! Réveiller mon bébé, alors qu'il dormait sagement ? Non ! Je craignais qu'après il ne se rendorme plus jamais, certainement traumatisée par ma propre expérience avec Benjamin qui a énormément souffert de coliques, ce qui a provoqué des nuits très agitées…

Les heures suivantes ont vite balayé le silence de cette première nuit. Je me suis retrouvée avec un nourrisson goulu, agrippé au sein toutes les heures, hurlant dès que je le posais dans son lit. Durant ses premiers changes, on aurait dit un bébé très lourd aux membres immobiles. Je peinais à lui tenir les jambes pour accrocher la couche, j'avais la sensation de devoir forcer pour lever l'un de ses membres, comme s'il n'avait aucune mobilité. Il ne cessait de pleurer, son minuscule cou se rentrait comme la tête d'une tortue dans sa carapace. On aurait dit qu'il souffrait le martyre. J'ai découvert l'enfer de lui donner un bain, le poser dans l'eau, le savonner, le sécher… il se crispait de plus en plus. Je commençais à angoisser à la seule idée de le baigner.

À la maternité, j'avais tout prévu pour notre confort à tous les deux. J'avais insisté pour ne pas recevoir trop de visites pour ne pas l'énerver. J'avais apporté un coussin d'allaitement. Je buvais des tisanes aux plantes soi-disant apaisantes. Afin d'éviter la lumière agressive des néons de la chambre, j'avais amené ma petite lampe de chevet qui illuminait faiblement la pièce, une douce lumière ambrée. Quand les auxiliaires de puéricultrice passaient, elles complimentaient généreusement l'univers tout doux que j'offrais à mon bébé. Elles me soutenaient que j'allais être une maman formidable. Moi, je commençais déjà à en douter.

De retour à la maison, les difficultés à le soigner perduraient. Les nuits, je dormais très peu. Il pleurait, beaucoup, réclamait le sein, le mettait en bouche, commençait à en sucer le jus, puis le rejetait immédiatement en hurlant. Il s'élançait violemment en arrière. Nombre de fois où j'ai failli l'échapper ! Je ne comprenais pas, je me sentais nulle, incapable de nourrir mon propre enfant. Quand il parvenait à boire, aucun lien ne se tissait entre nous. Je me souvenais de la petite main de Benjamin qui attrapait mon doigt et le serrait très fort durant les tétées, je revoyais son regard, les yeux écarquillés, plongés dans les miens. Avec Baptiste, rien de tout cela. Je bataillais pour réussir une tétée, j'avais l'amère sensation de ne pas tenir mon propre enfant dans mes bras. Une sorte d'étranger, pour qui l'amour maternel commençait à me questionner.

Et si je ne l'aimais pas ?
Serai-je capable de m'en occuper ?
Aurai-je suffisamment de patience ?

Est-ce que toutes les jeunes mamans éprouvaient les mêmes difficultés, les mêmes sentiments ? Quand j'attendais dans la salle d'attente de la sage-femme pour ma rééducation périnéale, le cosy posé à mes pieds, Baptiste gémissant comme s'il se débattait, je regardais les autres mères avec leur bébé, le visage angélique et heureux, s'émerveillant devant leur nourrisson. Je les enviais. Était-ce de ma faute si mon petit pleurait à longueur de journée ? Étais-je une mauvaise mère ?

Benjamin
La « pyschologue »

Maman veut m'amener voir une « pyscholoque »… Je veux pas y aller. C'est pas moi le bizarre, c'est mon frère…

Vous croyez que je dois lui dire à la « pyschologue » que des fois je regrette d'avoir un petit frère ? Surtout quand il crie le soir, alors que moi j'essaie de dormir. Y a école demain… Parfois, il hurle tellement que maman et papa hurlent encore plus fort. Alors j'allume mon radio-réveil, je me blottis sous la couette avec mon doudou, et je fredonne tout bas… Si papa et maman entendent la musique, ça va barder. Ils sont déjà très fâchés… et demain y a école, faut dormir.

Mais moi j'peux pas… Trop de cris. J'ai peur. Je suis fatigué. Pis de toute façon, que Baptiste crie ou pas, il finira par frapper sa tête contre son lit, comme tous les soirs, toutes les nuits. Et moi j'essaierai de me bercer au rythme des « boum, boum, boum » pour m'endormir, en vain…

Je veux pas y aller, c'est pas moi le bizarre, c'est mon frère.

Bulle
Présentations

Puisque tout le monde se la raconte par ici, je vais m'y coller aussi. Y'a pas de raison comme dirait l'autre !

Je m'appelle Bulle. Ça laisse songeur, n'est-ce pas ? Ce prénom me vient de ma maîtresse, Blanche. Doux mélange de poésie et d'amour pour son adorable chat, moi.

J'ai officieusement deux ans, soit vingt-quatre ans en âge humain. En réalité, j'ai 9 ans (donc 52 ans, d'où mes mamelles qui pendent…). Je suis née un 29 février… Hé oui, ma mère, au caractère bien trempé, a choisi de mettre bas en ce jour si rare.

Mon pelage n'est pas aussi doux que celui de Touille la minus. Faut dire qu'elle est croisée avec une « Madame De ». Je résume : sa mère est un chat persan, pure race. Elle s'est tapé n'importe quel matou du village, telle une traînée… Vous verriez sa tronche à madame « De ». C'est comme si elle s'était pris une porte en pleine face… Y en a qui paie cher pour ces félins ! Mais franchement, de vous à moi, c'est terriblement moche. En plus, elle a toujours les yeux pleins de crottes…

Moi je ne suis qu'une chatte de gouttière, bas de gamme : mon poil, bien moins « soyeux » que celui de Touille la princesse, est rayé entre le roux, le gris et le marron. Quelques taches blanches et noires aussi… Un sacré mélange ! Deux gros yeux verts, de longues moustaches blanches et des pattes de tigresse… J'ai hérité du caractère de merde de ma mère. Je ne suis pas très polie, tant pis pour les « chastes » oreilles de Touille.

Je me demande pourquoi j'ai atterri dans cette famille bizarre. Cela dit, je suis mieux ici qu'au départ. Ma maîtresse est venue m'arracher des pattes maternelles alors que je n'avais que deux mois. Je m'épanouissais dans un drôle d'appartement avec Minouchette, ma mère. Je vivais avec un type gringalet et une nana bizarre. Lui peignait des têtes de mort de toutes les couleurs en fumant des « tarpés ». Des pétards ! Du coup, il m'arrivait de ne pas tenir sur mes quatre petites pattes à peine poilues. Je crois que j'étais déjà accro au crac. Au shit ? À la beuh ? Bref, je n'étais pas sevrée, mais défoncée.

Ma nouvelle maîtresse m'a cajolée avec beaucoup d'amour dans un joli appartement de célibataire. Elle moulinait même mes croquettes avec de l'eau tiède parce que j'étais trop petite pour les mâcher. Souvent, je me mettais à sauter partout. J'ai mis ça sur le compte de mon sevrage et de mon jeune âge… Heureusement, Blanche fumait des cigarettes (des vraies, pas des pétards), je me blottissais sur ses genoux et je respirais à pleins poumons la bonne odeur de tabac… Aujourd'hui, il m'arrive encore d'être en manque alors je mange de l'herbe. Non pas pour me purger, mais pour faire passer l'envie. Si seulement je pouvais la fumer…

Un jour, un homme s'est invité chez nous. Il avait l'air tout penaud, le gaillard. Intimidé, plutôt. Ça ne l'a pas empêché de piquer ma place dans le lit le bougre ! Il n'a même pas pris le soin de me demander la permission… Merde, c'était mon lit ! Je me suis retrouvée au pied, sans duvet ni couverture ! Comme ça secouait dans tous les sens, j'ai préféré fuir pour le canapé. Fâchée d'être délaissée par ma maîtresse et de nature rancunière, je me suis vengée sur le « bel » étalon (hum, chacun ses goûts…), il n'y a pas de raison : une nuit durant laquelle ils faisaient encore beaucoup de bruit, je suis montée discrètement sur le lit. J'ai tenté de ne pas tomber, car il y avait du mouvement, j'ai bien visé, et crac ! Je lui ai mordu le cul !

Enchantée Emmanuel ! Hé oui, c'est moi Bulle, le chaton dérangé…

Après cette anecdote qui, il faut l'avouer, prouve bien mon désaccord quant à cette relation (Nom d'un matou c'est que je m'exprime bien dîtes !) ma maîtresse a fait ses bagages et m'a emmenée chez Emmanuel. À croire qu'ils n'avaient rien compris…

Entre parenthèses, qu'est-ce qu'elle lui trouve ? Il n'a pas un cheveu sur le caillou alors que moi je suis son adorable petite boule de poils… J'ai du mal à comprendre les humains…

J'ai fini par apprécier le chauve, même s'il vivait avec un chat angora qui avait sûrement pris une porte dans le nez lui aussi, et un gros chien très poilu (les bêtes à poil ça devait lui faire oublier sa calvitie… hihihi…) Je suis même devenue complice avec lui, et heureusement, car ils ont fait un de ces trucs bizarres comme les autres couples humains : ils se sont mariés (C'est quand même plus simple entre félins. On se renifle les fesses, quelques « miaous » graveleux, pis si on se plaît on fait des petits, on se dit « à un de ces jours peut-être » et on passe à autre chose… quoique maintenant avec la stérilisation et la castration ça a perdu de son charme…)

Donc Blanche a épousé Emmanuel. J'ai retrouvé ma place dans le lit. À croire que le mariage freine les galipettes. Non, je plaisante… Mais je me suis imposée : nouvelle maison, nouveau lit, nouvelle place et tant pis pour les autres.

Je crois qu'il est l'heure de la pâtée alors il faut que je vous laisse… Je me suis donné pour mission de défendre ma part et de bouffer celle de Touille, je ne voudrais pas qu'elle se croie trop chez elle la minus, et puis ça lui rappelle que c'est moi la cheffe !

Emmanuel
Révolte 1

Je crois qu'il est impossible de ne pas voir notre détresse.

Blanche a les traits tirés. Elle s'épuise de jour en jour, perd son sens de l'humour.

Moi j'ai une tête de cadavre ambulant, et surtout je supporte de moins en moins les contrariétés et les personnes qui s'inventent un tas de problèmes pour des futilités. Je sais bien qu'il y a pire que Baptiste dans la vie. Mais là, il faut admettre qu'on ne vit plus. Tous mes collègues sont au courant de notre vie particulière, surtout depuis que Blanche a pété les plombs.

Alors pourquoi, tous les jours, ils me demandent « Salut Manu, ça va ? » Ils sont cons ou tout simplement maladroits ? C'est comme si je demandais tous les jours à un sourd « coucou tu m'entends ? » Bien sûr que ça ne va pas ! Vous avez vu ma tête ? Vous voyez bien que je suis constamment irrité ! Ma femme n'a plus de force ! Vous savez que notre vie se résume à des crises d'hystérie, des négociations perpétuelles, des examens médicaux interminables !

Je suis révolté.

Je suis fatigué.

Je ne dors quasiment plus.

Ma femme pleure tous les jours.

Benjamin réclame un nouveau bébé. Un bébé qui serait « normal ».

Même Bulle et Touille sont devenues bizarres…

Bulle
« Chatpnotiseur »

Me revoilà !

Deux gamelles de pâtée dans mon gros bidon ! Me voici rassasiée, un peu trop… D'autant que je me dépêche d'engouffrer ma part et dès que Blanche a le dos tourné je fais peur à Touille en lui soufflant dessus (un rien suffit pour terroriser la petite princesse, elle se carapate le poil hérissé !). J'engloutis alors sa portion, prenant soin de bien laper le moindre millimètre carré de sauce… J'admets, dans l'histoire je m'arrondis, mais je m'en fiche. C'est tellement chouette de la voir se dépêcher de lécher la sauce avec sa toute petite langue râpeuse avant que je ne lui fasse mon numéro de vilaine !

Vous me trouvez méchante ?

Peut-être.

Je défends simplement mon territoire.

C'est de bonne guerre.

Déjà, il y a eu l'arrivée de Benjamin. Quand Blanche est revenue de la maternité avec le machin encore tout fripé dans les bras, je me suis sentie menacée, j'ai bien cru que je devrais encore céder ma place dans le lit ! Alors vous savez ce que j'ai fait ? J'ai pissé sur l'oreiller de Blanche ! Eh oui ! On ne me la fera pas deux fois, mon lit c'est mon lit ! Résultat, Blanche n'était pas trop contente, elle m'a collé le nez dans mon urine et m'a soufflé dessus comme une féline (qu'elle imite très mal au passage…). Après je me suis retrouvée dehors. Punie. Il neigeait. Beaucoup… Ils se sont bien moqués de moi en me regardant par la fenêtre. Bande d'ingrats ! Je m'enfonçais dans la couche épaisse de neige, seule ma tête dépassait. Après avoir bien ri de mon sort, ils m'ont laissée rentrer, enfin. Frigorifiée, trempée, je me suis dit qu'il valait mieux me tenir à carreau… Et j'ai bien fait ! Car j'ai fini par retrouver ma place dans le lit ! Enfin presque, je suis descendue d'un niveau, plus précisément contre les fesses de ma maîtresse pour qu'elle puisse donner la tétée à Benjamin sans trop me bousculer. Avant je dormais à côté de sa tête. J'ai même essayé de l'hypnotiser plusieurs fois, lui miaulant « Blancheeeee ! Les chauves tu n'aimeras plus, les bébés tu ne feras pas, moi tu garderas à côté de ta tête, sur le vieux pull gris tout doux ! ». J'étais convaincue, j'ouvrais tout grand mes yeux jaunes ! Bouh ! Au final, ça a fait « flop »… À chaque tentative de chatpnotisme, Blanche pensait niaisement que j'avais envie de jouer… c'est pas demain que j'ouvrirai mon « chabinet d'hypnose… ».

Alors voilà, moi Bulle, une maîtresse, son mari, un petit être humain qui « lui » a des cheveux ; un bel éventail sur la tête, et une bonne bouille toute ronde ! J'avoue, je me suis attachée à toute la famille. Benjamin est rigolo, il sourit beaucoup, souvent il s'allonge sur moi dans le couloir et me fait des câlins à m'en couper la respiration. Mais jamais je ne lui ai montré les crocs, jamais un coup de patte pour me défendre. C'est mon ami.

Et en ce moment, il a besoin de moi.

Il s'enferme souvent dans sa chambre. Il joue aux voitures en imitant les bruits de moteurs, les Klaxons, la sonnerie des pompiers, des ambulances… Évidemment, ça fait râler ses parents. « Moins fort Benjamin, moins fort ! » Ils sont très fatigués, sur les nerfs. Moi aussi d'ailleurs.

Tout allait pour le mieux, il a fallu que Blanche et Manu remettent ça ! Est arrivé un autre petit être humain, avec encore plus de cheveux que le premier (moi si j'étais Manu, je me poserais des questions, avec tous ces chevelus…), une bouille encore plus ronde, et des yeux énormes ! Des yeux de hibou, c'est ça un hibou…

Ce hibou, c'est Baptiste. Moi, je ne le sens pas le gamin. Il est bizarre. Bizarre, pas méchant genre « pitbull », mais il est tellement différent de Benjamin ou de tous les bébés qu'on voit à la télé.

En tout cas, depuis qu'il a rejoint notre jolie maison, l'atmosphère est tendue ! Cette fois, je n'y suis pour rien. J'ai toléré la naissance, tête basse. Pas même un pipi au lit ou sur le grille-pain (oui oui, j'ai fait ça aussi à l'arrivée de Benjamin, j'en suis très fière, fallait oser !) Rien. Pourtant j'ai encore descendu d'un niveau dans le lit… Les pieds…

Là-dessus, Touille est arrivée, et pfffffff… Me coller un chaton taré dans les pattes toute la journée, c'était « la croquette sur la pâtée ». J'ai commencé à me gratter. Je gratte, je gratte toute la journée. Il n'y a que ça qui m'apaise quand tout le monde craque, cri, pleure, hurle, négocie, miaule, souffle… Gratte gratte gratte. Maintenant, je fais concurrence à la tête de Manu : Plus un poil sur le ventre, ni sur les cuisses !

Eh dites, vous croyez que je pourrais hypnotiser le petit hibou pour qu'il se taise ?

Blanche
Bonne nuit

Il y a des soirs comme ça.

Des soirs où tout s'écroule.

La fatigue accumulée. La fatigue de toute la journée, chargée de négociations, de ruses, d'astuces, de trouvailles, de victoires, de défaites, de remises en question. La fatigue des derniers jours. La fatigue des dernières semaines, des derniers mois…

La fatigue de ce soir. Les crises sur crises de l'enfant étrange. Crises ou colères ? Colères ou caprices ? Caprices ou crises ? On ne sait pas. On ne sait plus.

Les rituels du coucher sont devenus des plus envahissants. Ils se déroulent dans un ordre précis, que nous devons respecter à la lettre.

Il faut une histoire de maman.

Il faut une histoire de papa.

On bataille pour changer la couche, on enfile la turbulette.

Un Bonbon (que l'on a promis à Baptiste pour qu'il accepte de coopérer à l'étape précédente à peu près calmement). Un bonbon pour Benjamin, qui ne peut comprendre du haut de ses six ans pourquoi Baptiste aurait un bonbon et pas lui. Et même s'il a compris à force d'explications ressassées, revues et corrigées, il n'a que six ans ! Qu'il le prenne ce bonbon, si ça peut lui procurer un minimum de douceur…

Baptiste bouquine ensuite tout seul dans son lit pendant que nous nous occupons de lire une histoire à Benjamin, lui faire un baiser, lui souhaiter une bonne nuit. Un petit moment de tendresse pour lui, bien souvent interrompu par l'arrivée de Baptiste en colère.

Et vient l'engrenage de ce qu'il faut faire et répéter : lire les lettres de son prénom sur la porte de sa chambre, dans l'ordre, le désordre, puis à nouveau dans l'ordre.

Faire un câlin, debout, en veillant à le porter suffisamment en hauteur, en balançant de gauche à droite.

Compter jusque quarante avant de l'allonger dans le lit, espérer qu'il ne se fâche pas et demande encore de compter jusque quarante !

Faire un câlin couché.

Allumer le mobile musical et la luciole.

Rassurer.

Refaire le câlin parce que ça ne fonctionne pas.

Boire un verre d'eau.

Un deuxième.

Négocier pour le dernier verre d'eau, car on avait promis que c'était le dernier.

Refaire un câlin.

Dire stop.

Vouloir recoucher.

« Attends, on lit les lettres encore ! » Tenter de ne pas perdre patience et affirmer le plus calmement possible « Non, nous avons déjà tout fait ! Je te pose dans le lit, tu fais dodo, tu peux chanter, faire les petits bruits avec ta bouche, tirer la langue, balancer doudou sur ton nez, taper ta tête contre le mur (oui, Baptiste balance sa tête et se berce en la tapant contre le mur)… Mais stop je ne viens plus ! »… Fermer la porte, tomber nez à nez avec Benjamin : « maman, je n'arrive pas à dormir ». Essayer de ne pas s'énerver, se rappeler qu'il n'y est pour rien.

C'est normal Benjamin, ton petit frère fait le bazar. Remonte te coucher, je te refais un câlin.

Dis pourquoi il fait ça ?

Je crois qu'il est obligé. C'est sa façon à lui d'exprimer ses angoisses. Toi, tu sais me dire « j'ai peur », lui, il en est incapable.

Si, il sait le dire !

Oui, tu as raison, mais je crois qu'il ignore la signification « d'avoir peur »… Mais tout ça c'est très compliqué…

Oui… Encore un câlin maman.

Oui mon cœur, et au dodo !

Bonne nuit.

Bonne nuit, je t'aime.

Refermer la porte de la chambre de Benjamin, tenter de ne pas céder aux cris de Baptiste qui sont devenus plus stridents…

« Doudouuuuuuuuu ! »

Hurlements, cris.

Rentrer dans la chambre, ramasser doudou. Allumer le mobile, la luciole.

« Un câlin ».

Ne pas répondre, sortir de la pièce le plus calmement possible.

« Un calllliiiiiiiiiiiinnnnnnnnnn ! »

Ne pas céder. Respirer profondément. Sentir son cœur s'accélérer. Avoir envie de pleurer sans y parvenir. Tenter de ne plus entendre les hurlements insoutenables, une minute, deux, trois, dix, quinze… L'acharnement perdure, aux cris se mêlent larmes, sanglots profonds et démesurés.

Remonter dans sa chambre, ramasser doudou qui s'est perdu à l'autre bout de la pièce, lancé sauvagement par Baptiste. Le prendre dans les bras. Tenter d'apaiser, de rassurer, ne pas communiquer la rage qui est en train de me ronger.

Recoucher Baptiste.

Mobile, Luciole.

Verres d'eau.

Lettres. Lire dans l'ordre, dans le désordre. Dans l'ordre encore.
Câlin debout. Serrer fort, se balancer de gauche à droite.
Mobile, Luciole.
Câlin couché.
Non pas le mobile.
Éteindre le mobile.
Si le mobile.
Encore un câlin. Un câlin couché.
Compter jusque 40.

Non presque. Encore.

Remonter dans la chambre de Benjamin qui pleure. « C'est fini, tu peux te reposer mon bonhomme »

Descendre le plus discrètement les escaliers, la peur au ventre à l'idée de réveiller Baptiste…

Il y a des soirs, comme ça. Chez nous, c'est tous les soirs comme ça.

Évidemment, je résume. Souvent, nous crions. Il nous arrive de menacer. De crier encore plus fort. De faire semblant de rire. De perdre le contrôle et d'infliger une fessée. De faire du chantage… Au bout de deux ou trois heures à batailler pour le coucher, la patience laisse place à l'impatience.

Puis il faut croiser les doigts, prier pour qu'il ne se réveille pas durant la nuit, sinon on recommence…

Touille
Je me sens de trop

Elle est où ma place dans cette maison ?

Depuis que j'ai rejoint cette famille, je dors avec ma maîtresse. Je me blottis confortablement contre son ventre, sur la douce couverture en polaire qui m'est réservée. Je déteste quand Blanche déserte le lit.

Très souvent, Baptiste nous sort du sommeil en poussant des cris terrifiants et stridents. Soit il a perdu son doudou, soit il a fait un cauchemar, ou alors il a tout simplement décidé qu'il est l'heure de se réveiller, qu'importe s'il est vingt-deux heures ou trois heures du matin. Blanche a beau lui ressasser qu'il faut dormir, car c'est encore la nuit, il n'en tient pas compte. Elle lui rabâche en douceur, mais fermement, que tout le monde a besoin de dormir. Il clame que la nuit est terminée, alors elle lui prouve le contraire. Elle ouvre le volet et le laisse constater l'obscurité, et les petites étoiles scintillant dans le ciel. Il demande à voir la lune, il veut vérifier que les lampadaires sont encore allumés. Malgré ça, rien à faire, il refuse son lit. Elle sermonne, qu'il soit d'accord ou non, qu'elle va retourner se coucher et que lui aussi doit aller dans son lit. Il répond « presque »…

Presque.

Quand ce mot me chatouille les oreilles, je sais ce qu'il va se passer…

C'est parti pour une bonne heure de rituels à faire et à refaire, ponctués de cris et de négociations… Lorsque Blanche sent enfin qu'il est prêt, que sa tête et son corps deviennent lourds dans ses bras, elle le recouche. Malheureusement, le tortionnaire de la nuit lutte contre le sommeil et se remet en scène. Il interprète son numéro avec brio, faisant trembler son public, à tel point que Blanche perd sa patience d'or. Elle hurle plus fort que lui, démunie, lessivée. Elle rêverait de partir au pays de Morphée, mais il l'en empêche. Alors elle laisse aller les mots, la colère prend le dessus. Baptiste ne lâche pas pour autant, mais effrayé par la rage de sa maman, voilà qu'il réclame Emmanuel… Blanche quitte la chambre de Baptiste, d'un pas déterminé et nerveux, elle fonce chercher Emmanuel qui redoutait cette tournure nocturne… Même scénario… Doudou, câlin, lettres sur la porte, verre d'eau, chasse aux monstres, câlin, encore, encore… Ce soir, Emmanuel hurle à son tour, encore plus fort que Blanche qui, alertée par le niveau sonore, s'empresse de le rejoindre pour l'aider. À tâtons, je la suis. Mais le petit monstre se met à me chasser « non pas Touille ! »… Décidément. Ce n'est pas de chance !

Elle est où ma place dans cette maison ?

Paniquée par les cris et l'impuissance de mes maîtres face à cette situation, je démarre discrètement mon moteur à ronrons, histoire de détendre l'atmosphère. Je tourne en rond et laisse aller quelques miaulements. Mais Baptiste tente violemment de me chasser. Je me résigne à soutenir mes maîtres, grimpe sur le rebord de la fenêtre et me mets à gratter le carreau. Je dois fuir ce brouhaha, je ne supporte plus la tension nerveuse, l'agressivité. Même Blanche et Emmanuel se parlent mal. Ils sont si fatigués qu'ils ne mesurent plus leurs propos, eux pourtant si amoureux et respectueux l'un envers l'autre.. Je me demande comment faisait Bulle pour apaiser cette petite famille ? Même durant ces nuits insupportables, elle s'asseyait derrière la porte de la chambre, sans prononcer un seul miaou, et attendait la fin du spectacle, patiemment. Moi, je ne peux pas attendre, je préfère dormir dehors. Je gratte, gratte, gratte à la vitre. Baptiste hurle « ta gueule ».

Blanche ajoute « ça suffit Touille, tu es chiante, fous le camp ! ». Elle m'ouvre violemment la fenêtre. Je me carapate vite fait bien fait, les oreilles baissées.

Rideau.

Elle est où ma place dans cette maison ?

Emmanuel
Révolte 2

Je râle tout le temps, un rien m'agresse.

Je me sens irrité, contrarié.

J'adorerais me libérer en poussant un bon coup de gueule, mais par politesse et par décence cela me semble impossible. Pourtant…

Baptiste est particulier, nous en sommes convaincus. Nous le constatons jour après jour. Nous le subissons, nous cumulons la fatigue des nuits blanches et des journées compliquées. Nous en souffrons. Seulement le petit bonhomme sait faire bonne figure en société (quoiqu'il lui arrive de ne pas réussir à se contenir…) : il sait devenir muet lorsqu'il déborde plutôt que de faire une crise, il sait jouer le petit garçon super (trop) rigolo. Même si sa démarche est particulière et drôle, même s'il parle comme un petit garçon de quatre ou cinq ans, même s'il se balance sans cesse, même si ses mains sont crispées, même s'il a des restrictions alimentaires, même s'il ne tolère pas certains bruits, même si parfois on ne peut pas le toucher, même si…

Bref, « même si », il a l'air normal aux yeux des gens, il ne semble pas si « différent ».

Mais nous, nous voyons bien. Depuis sa naissance, Blanche affirme qu'il n'est pas comme les autres, alors nous sommes honnêtes vis-à-vis de notre entourage. Nous expliquons ce qu'il se passe dans notre foyer, sans modérer nos peurs, notre rage intérieure, notre manque de soutien médical. Malgré cela, les proches se montrent d'une maladresse incroyable. Ne voient-ils pas notre détresse ? Ne croient-ils pas en l'éventualité d'une forme d'autisme ? Je ne supporte plus d'entendre les gens nous rassurer comme si tout allait rentrer dans l'ordre du jour au lendemain, prétextant qu'avec l'âge il finira par s'assagir.

Même les divers professionnels de santé, censés maîtriser le sujet, ne semblent pas nous entendre ! Chacun y va de sa petite expérience, comparant notre fils à sa progéniture ou à tel ou tel gamin qui est difficile à vivre… S'ils croient que cela nous rassure, non ! Bien sûr que non ! Parce qu'on ne peut pas comparer un enfant turbulent à un enfant probablement autiste !

Alors je n'attends qu'une chose : le diagnostic. Pour pouvoir enfin dire : non, il est autiste, point final…

Benjamin
C’est pas juste

Papa et maman n’arrêtent pas de parler du « CRA »… C’est quoi ce truc ? « CRA » ?

En tout cas, ça l’air important. Ils en parlent depuis des jours, des semaines, des mois… Ils disent qu’on saura enfin. Qu’on saura quoi ? Que Baptiste est super pénible ? Ça, on a bien compris, merci…

Moi j’en ai marre. Ils ne s’occupent plus de moi. Avant, on faisait des jeux, on racontait plein d’histoires le soir, même qu’on en inventait pendant que maman me faisait des massages avec la crème qui sent bon. Maintenant, elle me gronde tout le temps, je ne comprends pas pourquoi. J’ose à peine parler à Baptiste, j’ai peur de mal faire. Même qu’il me crie dessus quand je le regarde ! Je suis pourtant gentil avec lui, je sais qu’il est bizarre.

Même ma nounou me dispute ! Elle me dit qu’il faut la laisser gérer, que c’est elle l’adulte et que je dois rester un enfant. Mais moi je sais ce qu’il faut faire avec Baptiste, j’ai vu maman trouver des ruses et des astuces étranges, je sais comment il risque de réagir si nounou ne fait pas comme maman.

J’en ai marre des consignes trop strictes.

J’en ai marre d’entendre mon frère crier très fort et beugler de gros mots. En plus, moi je n’ai pas le droit de dire de gros mots. Lui il n’arrête pas, et papa et maman ils disent qu’il ne peut pas faire autrement. C’est pas juste.

Moi, je suis obligé de terminer mon assiette, même quand j'aime pas ou quand je n'ai plus faim. Baptiste, on ne lui dit rien ! Même que papa et maman se réjouissent et s'exclament « bravo » quand il mange deux ridicules cuillerées, comme s'il venait d'accomplir un miracle ! C'est pas juste…

Moi, je dois me réveiller tout seul, et m'habiller, pendant que papa et maman bataillent mon frère. Souvent, je prends mon petit déjeuner, bien souvent tout seul, parce qu'ils n'arrivent pas à terminer de l'habiller.

Moi, je dois me doucher tout seul. Je dois faire mes devoirs d'école. Je dois penser à mettre mes chaussettes sales dans le panier à linge. Et le pire, c'est que papa et maman, ils voudraient arrêter de me lire l'histoire du soir ! Ils disent que je commence à savoir bien lire et que je peux bouquiner un peu tout seul avant d'aller au lit, parce que le coucher de Baptiste est trop compliqué ! C'est pas juste !

Emmanuel
Faire le deuil

Ma femme me manque.

Attendre le diagnostic.

Espérer que nous serons rassurés. Rassurés de ne pas être fous, juste les parents d'un enfant atypique.

Faire le deuil.

Le deuil de l'enfant qu'il aurait pu être. Le deuil de la vie de famille qui nous faisait tant rêver.

Nous traînons tous nos casseroles. Plus ou moins pleines. Les miennes débordaient presque. Pourtant, après de nombreuses péripéties j'avais fait le ménage, balayé le trop-plein. Je m'étais endurci, j'assumais ma vie. Quand j'ai rencontré Blanche, j'ai goûté à la joie de vivre, comme si tout n'avait été que tristesse et obscurité auparavant. J'avais enfin récuré mes casseroles sales, je vivais d'amour, d'eau fraîche. J'affrontais les soucis du quotidien en acceptant d'un bon vieux dicton « c'est la vie » ou « il n'y a pas mort d'homme ». Je me sentais le plus chanceux des hommes avec Blanche, fou d'amour dès le premier jour. Mariés puis parents, nous envisagions une éducation pour laquelle nous étions parfaitement raccords. Nos projets ne cessaient de s'embellir.

À présent, il faut non seulement faire le deuil d'une « parentalité normale » avec Baptiste, mais aussi faire le deuil de la vie que nous projetions. Nous devons oublier notre « éducation modèle ». Les repas à quatre autour de la table, à bavarder en savourant de bons petits plats, ça n'existe plus chez nous. Baptiste, incapable de rester assis le temps d'un repas, refuse de manger seul. Nous lui donnons à la petite cuillère comme à un bébé ! Il n'accepte que les petits pots, trois sortes de petits pots destinés aux nourrissons de huit ou douze mois ! Souvent, nous rusons pour qu'il mange au moins le tiers du pot. Nous lui proposons toujours « une astuce » pour y parvenir : le bonbon en surprise. Le nourrir peut prendre une heure ! Et quand c'est à notre tour de passer à table, il refuse de nous laisser de l'espace. Ce n'est pourtant pas faute de lui expliquer que c'est un moment important pour nous, que nous avons besoin de manger et de passer un moment calme. Il attire notre attention, fais énormément de bruit, refuse de s'occuper seul, nous gronde, vient tirer le bras ou le pull de sa maman pour qu'elle se lève… L'enfer…

Nous devons faire le deuil des vacances reposantes, du calme. Partir en famille avec Baptiste, ça signifie changer ses habitudes et instaurer des tonnes de nouveaux rituels pour l'apaiser… Ça veut dire voyager de nuit, en priant pour qu'il dorme durant le trajet. Nous avons tenté une fois en journée, trop long pour lui… Des vacances, cela se résume à tout mettre en œuvre pour atténuer les crises, donc céder à de nombreux caprices pour s'éviter les remarques du voisinage d'une location, organiser des journées ritualisées en tenant compte exclusivement de lui. Des vacances, nous avons essayé, et cela se résume à un épuisement de plus pour nous.

Nous devons faire le deuil d'une vie de couple épanouie : Blanche et moi, nous avons beau nous aimer, à la folie, nous retrouver est devenu exceptionnel. Il faut faire garder les enfants. Benjamin, pas de soucis, mais Baptiste ? Nous avons tenté l'assistante maternelle, déjà quand il était bébé, nous l'avons très mal vécu. Elle se plaignait de son comportement envahissant, du fait qu'il l'empêchait de s'occuper des autres enfants, des siestes qu'il refusait, des hurlements, des repas compliqués… Nous étions dévastés, désolés et démunis. Nous avons finalement opté pour une nounou à domicile. Une formidable dame, très à l'écoute, bienveillante et respectueuse de nos difficultés. Nous l'embauchons pour pouvoir aller travailler, mais notre budget ne nous permet pas de l'embaucher davantage pour nous accorder un peu de temps libre. Alors parfois, lorsque nous arrivons à bout de forces, que nous sentons que nous tirons trop sur la corde, qu'une pause s'impose, nous demandons aux mamies de prendre le relais. Nous sommes si fatigués que ce moment tant attendu de nous retrouver en amoureux, nous n'en profitons même pas, à bout d'énergie.

Ma femme me manque, la femme rayonnante qui émanait tant de lumière à mes yeux me manque terriblement. Ces derniers temps, je l'ai vue perdre son sourire, ses yeux ont cessé de pétiller.

Blanche
Diagnostic

Le jour J est arrivé.

Un jeudi. Rendez-vous fixé à neuf heures du matin.

Dehors le vent souffle, la pluie commence à tomber. Nous franchissons la porte d'entrée du Centre de Ressources Autistiques, interrogatifs, anxieux, impatients. Nous avons eu l'occasion d'envisager toute éventualité durant le trajet. Autiste ? Asperger ? Et si nous nous trompions ? Et si nous avions raison ? À mesure des kilomètres, j'ai senti les battements de mon cœur s'élancer dans ma poitrine, accélérer la cadence, frapper de plus en plus fort. Mais ça y est, nous y sommes.

Ce jeudi. Il est neuf heures du matin. L'heure du verdict.

La salle d'attente m'est devenue familière. Au mur, des affiches sur le Handicap, l'autisme, la différence invisible. Près du secrétariat, la liste de l'équipe du CRA : pédopsychiatres, psychologues, ergothérapeutes, orthophonistes, assistantes sociales… J'ai mémorisé le nom de chaque professionnel. Près de la porte d'entrée, des prospectus et des flyers, avec les coordonnées d'associations de soutien pour l'autisme et de professionnels libéraux spécialisés. La lumière agressive des néons accentue mon inconfort, ma gorge se resserre, ma poitrine m'oppresse. Une odeur de peinture fraîche réside dans la pièce, et me brûle les narines. Je peine à déglutir. Des ouvriers vont et viennent, les bras chargés de seaux et de matériel de peinture.

Jeudi. Neuf heures et cinq minutes. Cinq ridicules minutes qui me semblent une éternité. Alors que la secrétaire à la voix aiguë nous propose un café, mes yeux s'attardent sur les jouets, le pot à feutres sur la petite table d'enfants et je repère le petit train qui avait monopolisé l'attention de Baptiste lors de notre premier rendez-vous. L'attente me paraît interminable. Pourtant, nous n'avons pas le temps de boire notre café, que nous sommes invités à entrer dans le bureau du médecin.

Jeudi. Neuf heures et sept minutes.

Derrière son bureau, une jeune femme, la pédopsychiatre.

Emmanuel et moi, assis en face, anxieux. Je croise mes jambes en serrant le plus fort possible, comme si ça allait me donner la force de digérer ce qu'elle s'apprête à nous annoncer.

Bienveillante, elle prend de nos nouvelles. Au cours des précédents rendez-vous, elle a effectivement pu constater nos difficultés quotidiennes, notre solitude, notre combat. Elle se montre très compatissante, elle déplore notre épuisement.

Elle tourne autour du pot, débriefe de divers entretiens entre Baptiste et toute son équipe, souligne les côtés positifs de Baptiste. Je boue d'impatience, je crève d'envie qu'elle le dise ! S'il vous plaît, allez-y, donnez-nous le résultat ! Dites-nous que nous ne rêvons pas, qu'il y a bien une raison à l'enfer que nous subissons chaque jour ! Dites-nous que ce n'est pas nous qui débloquons et sommes incapables de gérer notre famille ! Fébrile, j'attrape les mains d'Emmanuel, alors croisées sur ses genoux. Ces mains que je trouve magnifiques, viriles et élégantes. J'ai besoin du contact de sa peau, de le sentir à mes côtés pour défier la tempête.

La pédopsychiatre s'apprête enfin à nous exposer les conclusions de son équipe. Avec beaucoup d'empathie, elle prononce la fameuse phrase, tant attendue : « Votre fils a été diagnostiqué autiste de haut niveau, plus précisément asperger ».

Les yeux d'Emmanuel deviennent brillants, ils reluisent d'émotion, de tristesse, il avait beau s'y attendre, s'en douter, il prend un gros coup de massue en pleine face. Tout comme moi, il se sent rassuré, car oui, notre fils nous cause bien des problèmes, et ça ne vient pas de nous, c'est l'autisme, tout simplement.

Notre enfant a le syndrome d'asperger, c'est officiel.

Étonnamment, à l'annonce du diagnostic, je ne pleure pas. Je sens même un petit sourire s'esquisser du bout de mes lèvres. Je me retiens. Non, il ne faut pas applaudir ! Emmanuel semble abattu, la pédopsychiatre nous regarde pleine de compassion et de soutien. Je ne peux pas sourire. Mais une part de moi est ravie. Bon sang, j'ai vu juste ! Depuis ses premiers mois, je le savais ! J'en ai lu des choses, internet m'a bousillé le cerveau, j'ai retourné le problème dans tous les sens. Parfois, je clamais à mon mari « je suis certaine qu'il est Asperger », et d'autres fois, à me gaver de témoignages, je disais « mais non, il n'a rien de tout ça »… mais si, je savais ! J'avais raison !

Baptiste n'a que trois ans, c'est tout petit. Nous avons la chance d'obtenir un diagnostic précoce, surtout quand on nous annonce les temps d'attente moyens dans les CRA ! Finalement, nous n'aurons patienté que huit mois, alors que certaines familles stagnent sur listes d'attente pendant deux à trois ans ! Alors oui, j'ai envie de sourire, de rire, de clamer ma joie ! Je me sens heureuse de confirmer que notre tout petit a le syndrome d'Asperger, comme si l'officialisation de son atypisme allait effacer nos problèmes comme on époussette un grain de poussière d'un coup de chiffon ! Me voilà dans un esprit de battante, j'en oublie l'horreur de notre quotidien actuel même si je garde en tête que la route sera longue et semée d'embûches.

Je suis ravie d'annoncer la nouvelle à notre famille. Je m'empresse de téléphoner à notre généraliste pour l'avertir des conclusions. J'appelle même notre ancienne assistante maternelle pour lui souligner que nous n'y étions pour rien dans le comportement envahissant de notre fils, j'ai besoin qu'elle l'entende ! C'est ma petite revanche personnelle, tellement j'ai subi ses sermons et ses plaintes au sujet de Baptiste ! C'est comme une vengeance contre le monde entier : Vous voyez, ce n'est pas pour rien qu'on en bave ! Ce n'est pas parce que je suis trop fragile, que je suis une mauvaise mère et débordée, c'est juste qu'il est autiste !

C'est moche, mais pour la première fois depuis des mois, je respire.

C'était un jeudi matin. Et je n'ai pas compris que mon euphorie du moment allait me faire sombrer à nouveau.

Benjamin
Super grand frère

Je suis content. Baptiste est dans une période où il veut bien jouer avec moi. Il est rigolo. J'aimerais qu'il soit toujours rigolo, je ne comprends pas pourquoi des fois il me crie dessus, me tape, me dit des mots pas beaux, m'interdit même de le regarder… Mais là, il est rigolo ! J'ai un petit frère et je peux jouer avec lui ! C'est trop cool. Bon, il ne dort toujours pas, mais je m'en fiche parce que maintenant j'arrive à faire abstraction des hurlements, je m'endors comme une marmotte.

C'est trop bien de m'amuser avec Baptiste. Il fait tout comme moi. La psychologue, elle a dit qu'il est très bon imitateur !

La dernière fois, il a goûté des pâtes ! Comme j'étais fier de lui. Maman aussi ! Alors elle a voulu en refaire, mais il les a trouvées trop mouillées… Du coup, elle a compris : des pâtes de couleurs, en torsades, pas de beurre pour que ça ne soit pas mouillé, enfin si un peu, juste un peu, car si elles sont collées il les refuse… J'ai dit à nounou, pas mouillées hein ! Elle m'a répondu « t'occupes, ce n'est pas toi qui gères ton frère, c'est moi »… Pourtant, moi je sais ce qu'il faut faire pour qu'il accepte de manger ! Je sais même ce qu'il faut faire quand il se débat pour l'habiller : maman utilise toujours un métronome pour changer la couche ! Deux même ! C'est pour attirer son attention sur les bruits, ça le distrait et il se laisse faire… alors moi j'ai expliqué à nounou. Elle m'a dit que je suis un bon grand frère, mais que je dois m'occuper de moi, pas de lui. Maman me le répète souvent. Elle m'assure que c'est bien de laisser nounou agir à sa façon, ça veut dire que Baptiste est capable de s'adapter. Je comprends pas tout. C'est compliqué, pis ça m'énerve que papa et maman essaient tout le temps de m'expliquer…

Maman est bizarre ces jours-ci. Soit un peu trop fofolle, soit beaucoup trop en colère. Elle crie souvent sur moi. Après elle s'excuse, et elle m'explique encore qu'on a une vie particulière et qu'on fait tout ce qu'on peut. J'aime pas qu'on m'explique. Quand papa et maman m'expliquent, je réponds « oui, oui… », mais j'écoute pas, je me barricade sous une grosse carapace, comme une tortue. « Oui oui, j'ai compris », mais je ne comprends rien…

Je voudrais que ce soit moi l'autiste, au moins je serais gentil et sage, et personne ne crierait, maman ne serait jamais triste et fatiguée, elle s'occuperait tout le temps de moi, pas de Baptiste.

Madame Tout-le-monde et la boulangère
Vous êtes au courant ?

— Bonjour Madame !

— Bonjour Madame « Tout-le-monde », vous allez bien ?

— Si on veut, vous avez vu le temps ? Et dire que la semaine dernière il faisait grand soleil, vingt degrés ! Avec les gelées de cette nuit, tous les arbres fruitiers vont crever…

— C'est bien dommage, oui… Qu'est-ce que vous prenez aujourd'hui ?

— Une baguette. Pas trop cuite comme d'habitude. C'est quoi ça ?

— Ça ? Notre pain d'épeautre bio, aux graines de courges. Tout nouveau et sans gluten… Vous voulez le goûter ? C'est délicieux !

— Sans gluten… De mon vieux temps on ne nous enquiquinait pas avec tout ça, on n'aurait pas craché sur un bout de pain dans la soupe, gluten ou pas gluten…

— Les temps changent madame Tout-le-monde, les temps changent… Tenez votre baguette ! 98 centimes s'il vous plaît !

— 98 ? Ça a encore augmenté ?

— Et oui, on s'aligne sur l'augmentation du coût du blé…

— Ça devient un luxe de manger du pain…

— Tout augmente, madame Tout-le-Monde…

— Inadmissible… Allez bonne journée !

— Pareillement…

— J'y pense, vous êtes au courant ? Ce matin, il y a eu un accident…

— Ah oui ?

— Ça s'est passé dans l'impasse, chez les nouveaux propriétaires, vous savez la maison qui fait l'angle avec les vieilles pierres… Je passais par hasard…

— Par hasard ?

— Alors, il y avait le SAMU, et une ambulance. Ils sont restés une bonne heure…

— Par hasard, pendant une heure ?

— Ils ont amené la petite blonde, vous voyez de qui je parle ?

— Non…

— Avec une frange ! Plutôt menue… La maman des deux petits garçons, vous voyez ?

— Oui !

Elle avait l'air mal en point la p'tite dame…

— Mince.

— Vous la voyez, vous, des fois ?

— Vous êtes curieuse, madame Tout-le-monde… Elle vient tous les jours. Souvent, ce sont les deux petits qui achètent le pain.

— Tout seuls ?

— Oui, elle les attend devant la vitrine, elle surveille. Le plus grand me donne l'argent. Très poli, très mignon. Le plus jeune prend une grosse voix grave et avec un immense sourire il s'exclame très fort : « BONJOUR MADAME UNE BAGUETTE S'IL VOUS PLAÎT ! » Il est tellement content qu'il tape des pieds ! À croquer…

— À croquer, j'en donnerai pas ma main à couper. Je l'ai vu piquer de sacrées colères dans la rue ! Intenable ! J'aurais fait ça au même âge, ma mère m'aurait mis une bonne fessée…

— Les temps changent madame Tout-le-monde, les temps changent… !

— Vous vous rendez-compte si elle est à l'hôpital, qui va s'occuper d'eux ?

— Ils ont leur papa, et de la famille, je suppose. Et une nounou aussi…

— Qu'est-ce qu'il a bien pu lui arriver ? Un accident domestique ? Un malaise ? Un AVC ?

— Allez savoir !

— Pfff la vie c'est comme le temps, n'est-ce pas ? Un jour, beau temps ensoleillé, mais ça ne dure pas…

— Allons allons Madame Tout-le-monde, faut pas dire des choses comme ça !

— Ho à mon âge… Allez, bonne journée, et si vous avez du nouveau, tenez-moi au courant !

— Évidemment, madame Tout-le-monde, au revoir !

— Bonjour Madame !

— Bonjour Monsieur « Passe par là » !

— Vous êtes au courant ?

— Bla bla bla…

— Bla bla bli…

Blanche
Black out

— Madame ?

— Hé ho madame, ne fermez pas les yeux. Restez avec nous !

Allez Madame, un effort !

Je sens beaucoup d'agitation autour de moi. J'entrevois mon mari, Baptiste dans ses bras. Il porte son pyjama bleu, tout doux, avec la tête de doudou dessus. ... Il y a du monde. Ça bouge, c'est flou. J'ai très envie de fermer les yeux. Je sens la main de ma belle-mère me secouer, me demandant de ne pas dormir. Lutter contre le sommeil ? J'ai tellement envie de partir loin. Il me semble être consciente et inconsciente à la fois. J'ai mal à la tête. J'essaie de comprendre.

« On l'amène aux urgences »

Ah oui, c'est bien ça.

J'ai pris des médicaments.

Beaucoup de médicaments.

Black-out.

Je me trouve aux urgences. J'entrouvre les yeux. J'aperçois un infirmier avec un calot et un masque vert ou bleu, je ne sais pas trop, tout est flou. Je referme les yeux, je ne veux pas me réveiller, c'est trop bon d'être là. Je sens qu'on s'occupe de moi, ça me fait du bien. Et surtout, je ne sens pas mon corps. Aucune pensée, rien, juste l'envie de garder les yeux clos. J'entends malgré moi l'infirmier me gronder telle une petite fille « c'est quand même pas croyable de faire une connerie pareille, elle a des gosses ». Ça me met en colère, j'aurais envie de lui dire « ta gueule », mais je n'en ai pas la force. Auriez-vous l'idée d'engueuler quelqu'un qui a voulu mourir ? Entre deux clignements de paupière, je constate qu'il est en train de me poser une perfusion. Je ne sens absolument rien, et c'est trop bon. Dodo, oh oui, dodo, j'ai quitté mon corps. J'ai honte de le dire, mais c'est génial, pour la première fois depuis longtemps, je me sens bien. Et pourtant, je suis inconsciente et une équipe médicale se démène pour me sauver la vie.

Black-out.

Je me réveille l'espace d'un instant, je me sens bousculée. On me fait une prise de sang, et je ne sens toujours rien. Je referme les yeux.

Black-out.

Écarquiller les yeux me demande un effort considérable, mes paupières clignent lourdement, je peine à obtenir une image nette. Je me sens nauséeuse, la tête lourde, j'ai envie de dormir. Néanmoins, je parviens à me concentrer sur deux silhouettes. Un charmant monsieur et une dame au visage angélique m'observent, songeurs. Ils me demandent si je sais pourquoi je suis là. Je peine à leur répondre, la bouche pâteuse, et finis par prononcer fébrilement :

— J'ai pris des médicaments.

— Beaucoup madame. Vous allez vous reposer un peu et on rediscutera, d'accord ?

J'acquiesce péniblement, prête à repartir dans mon sommeil.

La gentille dame me prend par le bras, elle m'aide à enfiler mes vêtements puis me dirige vers la sortie des urgences pour nous rendre dans un autre bâtiment. Dehors, il fait nuit. J'ai froid, je grelotte. Je tiens à peine debout, mais elle m'encourage et m'aide à marcher.

J'arrive dans une chambre. Je ne prends même pas soin de regarder les murs qui m'entourent. Je n'ai aucune affaire, la gentille dame me propose des habits pour la nuit. Je me retrouve alors vêtue d'un pyjama bien trop grand : une chemise d'hôpital et une espèce de pantalon d'infirmier. « Ce n'est pas très glamour, mais ça fera l'affaire pour cette nuit », me rassure-t-elle.

Black-out.

On frappe à la porte. Une toute jeune femme, probablement une infirmière, me réveille, le sourire aux lèvres.

Vous n'avez pas pris votre petit déjeuner ?

À vrai dire, je suis encore entortillée dans cet horrible pyjama. Je ne sais même pas où je suis. Alors non non, je n'ai pas pris mon petit déjeuner, d'ailleurs je n'ai pas faim, je veux juste dormir encore.

Venez je vous aide à vous habiller et je vous amène.

Me revoilà avec mes vêtements. Je constate que je ne porte qu'un jean, des chaussettes, un soutien-gorge et un pull qui sent très mauvais. Mélange d'odeurs, de transpiration et d'hôpital. Je voudrais me changer, mais je n'ai aucune affaire.

— Allez Madame, on y va.

On y va, mais comment ? Ma tête roule dans tous les sens. Je me sens incapable de tenir sur mes deux jambes. L'infirmière m'attrape par le bras et me fait marcher dans un long couloir. Je me maintiens à une rambarde pour avancer, je crois que je pourrais m'écrouler d'un instant à l'autre. Je n'ai pas d'équilibre, mes yeux peinent à rester ouverts, tout me semble flou autour de moi.

Elle me conduit dans une petite salle meublée de quatre tables en bois. Une dame assise m'observe méfiante et constate à haute voix : « Tiens, une nouvelle ! ». Sur l'une des chaises se trouve un monsieur affalé. Il porte un polo vert. J'aperçois un énorme filet de bave qui se promène de ses lèvres à la table. Cela ne semble déranger personne à part moi. Je ne sais toujours pas où je suis, si ce n'est que les gens semblent étranges.

Une dame vêtue d'une blouse s'affaire à essuyer les tables. J'ai comme l'impression que ses mouvements sont accélérés, j'ai du mal à la fixer. La gentille infirmière lui demande tout en douceur de m'apporter un petit déjeuner.

— Comment ça, elle n'a pas pris son petit déjeuner ? lance-t-elle, l'air blasé. Oh là là, mais c'est pas vrai…

Elle disparaît, en marmonnant je ne sais quoi, dans ce qui me semble être une cuisine, puis revient en posant nerveusement une corbeille de pain, avec une petite tablette de beurre.

— Y a plus que ça la petite dame ! C'est plus l'heure… Vous prenez un café ?

— Oui merci…

— Il est tiède, tant pis.

L'heure de quoi ? D'ailleurs, quelle heure peut-il bien être ? Quel jour sommes-nous ? Je ne comprends pas où je suis, je n'ai qu'une envie : retourner me coucher. Des larmes que je ne contrôle absolument pas sortent de mes yeux cachés sous mes paupières lourdes.

J'avale rapidement ce qui semble être un petit déjeuner. J'ai du mal à mastiquer et à déglutir. Je ne ressens pas la faim, mais je tente de me dépêcher pour échapper à la vue atroce du vieux monsieur au fil de bave. Incapable de me remettre debout, je demande à un infirmier qui passe par là de me ramener dans ma chambre. Je ne parviens pas à articuler, c'est comme si ma langue refusait de coordonner avec les mouvements de ma mâchoire.

L'escapade du petit déjeuner m'a demandé un effort considérable. Je m'allonge et m'endors profondément.

Emmanuel
Super papa

Elle titubait. Beaucoup. Ses propos semblaient peu cohérents, mais j'ai réussi à décrypter ces mots « j'ai fait une bêtise ».

Nous sommes lundi premier mai 2017. Jour férié. La veille a été compliquée entre Blanche et moi. Pourtant c'était une belle journée ensoleillée. Après une petite promenade en famille dans le village, les enfants se sont gentiment amusés dans le jardin pendant que je taillais les arbres et rangeais la cabane à outils. Sages. Pas de crises de Baptiste. Une journée « normale », exceptionnelle chez nous. Mais Blanche a craqué, elle a probablement lâché la pression, car pour une fois, tout se passait bien. Sédatée, elle a nié son état. Je me suis fâché, je l'ai envoyé se coucher à dix-neuf heures pour que les enfants ne soient pas les témoins d'une mère irresponsable, une mère qui ne lui ressemble pas. Puis, en colère, j'ai choisi de ne pas dormir à ses côtés.

Si j'avais su…

Dans la chambre, des tonnes de plaquettes de médicaments, vides. Ses antidépresseurs. Ses anxiolytiques, ceux qui la rendent saoule. Le sirop de Baptiste, censé le sédater pour des soins médicaux. Des somnifères. Bref, un tas de boîtes de médicaments vides… Elle a avalé tout ça, et moi, je n'ai rien vu venir.

J'ai appelé les secours, tentant d'annoncer aux enfants que leur maman avait un problème sans les alarmer. Le SAMU est venu. Ils m'ont demandé ce qu'elle avait exactement ingurgité et dans quelles quantités. Incapable de répondre, l'un d'eux m'a fait remarquer que je devrais savoir… Mais comment ? Elle a fait ça en cachette et il ne m'est jamais venu à l'idée de compter le nombre de comprimés que contient l'armoire à pharmacie ! Du coup, ils ont fouillé partout dans la chambre pour recueillir les boîtes de médicaments vides et faire le point.

Ma belle-mère est venue à la rescousse, elle a amené Benjamin avec elle. Ils sont partis en randonnée toute la journée.

Les secouristes ont embarqué Blanche pour la conduire aux urgences. Étonnamment, elle s'est habillée seule, je ne sais pas comment vu son état. Je me suis retrouvé tout seul à 9 h 30 environ, avec Baptiste dans les bras qui réclamait « un cacao avec la p'tite fille »… C'est quoi ça ? Un truc entre Blanche et lui certainement. Mais Blanche, elle vient de partir en ambulance, et moi, je ne sais pas du tout ce qu'est le truc de la petite fille et du cacao.

Je fais quoi maintenant ?

Sur le coup, je suis en colère contre Blanche. Très. Elle a voulu nous abandonner. Je suis très en colère…

En colère. En colère…

Oui, mais non.

Il n'y a pas si longtemps, j'ai eu cette affreuse réflexion : penser que notre seule façon de nous apaiser serait de ne plus être de ce monde. Contrairement à Blanche, je n'ai fait qu'y songer, jamais je n'ai eu l'intention de passer à l'acte. Jamais.

Elle l'a fait. Fragile, fatiguée, surmenée.

Ma femme a voulu mourir.

La journée me semble interminable. Je subis chaque minute, chaque heure sans aucune nouvelle de Blanche, à divertir Baptiste qui se demande où est sa maman. Ce n'est que le lendemain que l'hôpital m'a contacté. Blanche a quitté les urgences, elle est hospitalisée en psychiatrie.

Elle veut me voir…

Moi aussi, mais je vais dire quoi ? Ne pas la culpabiliser, ne pas prendre à la légère non plus… Je dois dire quoi ?

Tiraillé de questions et de détresse, je deviens « super papa ». J'habille, je lave les enfants, je leur fais à manger, je vais travailler et je file à l'hôpital psychiatrique voir Blanche qui a atterri sur une autre planète.

Benjamin
Quand je serai grand, je serai...

Moi ce que j'aime, ce sont les véhicules de chantier ! Et puis ceux de police aussi ! Ha, et les bus ! Maman m'a offert un bus blanc parce qu'à l'école j'ai eu que des ronds verts sur la feuille des comportements... J'adore aussi les trains.

Des fois maman et papa, ils me promettent d'aller à Nancy en train. C'est pas souvent, mais quand ça arrive, c'est magique, j'adore monter dans le train, et à chaque fois on y va sans Baptiste, juste papa, maman et moi. Après le train, on se promène dans un immense magasin où il y a des Escalators. On s'arrête ensuite dans une boutique de bonbons, et là je vois maman comme une petite fille. Elle remplit un sac d'une tonne de bonbons ! Et elle en mange... Plein... Une maman qui mange des bonbons, je crois rêver. Après ils m'emmènent faire du manège et ils disent « profite mon cœur on va bientôt rentrer... »

Moi j'ai pas envie que ça se termine. Papa et maman rigolent tout fort, ils mangent des bonbons, ils racontent des blagues. Ils font même l'amour avec la bouche, beurk... (maman dit que ce sont des bisous d'amoureux... mais je suis pas idiot on dit faire l'amour, c'est Gabin que me l'a dit à l'école).

Rentrer ça veut dire des cris, des pleurs, papa et maman qui s'occupent d'abord de Baptiste... La bonne nouvelle c'est que pour rentrer, on reprend le train ! J'aime les trains, alors des fois je dis que je serai conducteur de train.

Non, en fait, non... C'est dur de faire un choix.

J'ai trouvé ! Je serai « pompier » ! Déjà parce que les camions sont trop cool, les costumes géniaux, et pis ce sont de super héros, les pompiers. D'ailleurs l'autre matin ils sont venus à la maison, et ils ont joué aux super héros avec ma petite maman ! J'ai pas bien compris ce qu'il se passait. J'ai même eu peur. Mais c'était cool tous ces pompiers ! Alors un jour, moi aussi je serai pompier !

Touille
Miaou…

Je veux ma maîtresse.

Bulle
Miaou quoi ?

Fais pas le bébé, elle va revenir.

Gratte, gratte, gratte…

Blanche
L'hôpital psychiatrique

J'ai passé quinze jours, dans ce qu'on appelle un hôpital psychiatrique.

Lieu étrange.

Toutes « pathologies » confondues.

J'ai vu des patients dans des états indéfinissables, telle une caricature des troubles mentaux. Pourtant ils étaient bien réels, à mes côtés. Et moi je peinais à émerger, plongée dans une sorte d'état comateux. Mon corps et mon esprit ne semblaient plus communiquer, d'ailleurs j'étais même incapable de penser.

Petit à petit, j'ai repris conscience avec la réalité. Je me suis repassé en boucle ce qu'il m'était arrivé, tentant de retrouver les images effacées, comme s'il me manquait plusieurs pièces pour terminer le puzzle de ma tentative de suicide. Mon corps a subi l'overdose de médicaments. Après les heures à tituber, j'ai énormément transpiré. Une sueur âcre, au parfum si particulier, bien loin de mon odeur habituelle. Sur mes joues, la peau a rougi pendant une semaine entière, laissant apparaître des sortes de tâches disgracieuses, probablement l'évacuation des toxines. Mes yeux bouffis s'écarquillaient péniblement, affalés sur un matelas de cernes grisâtres.

Au fil des jours, à mesure que mon visage reprenait une apparence normale, j'ai eu le temps de me blâmer de mon acte, ressassant mon geste si lâche. Puis j'ai relativisé, pour moi comme pour Baptiste : il n'a pas de handicap physique, il s'exprime aisément, n'a aucune psychose démesurée comme j'ai pu en constater ici. Et moi, je suis juste une maman épuisée. J'ai toute ma tête, je n'ai pas besoin que l'on m'assiste pour me vêtir ou me nourrir, mon élocution n'a rien d'étrange et mes propos sont cohérents. Je tente de faire abstraction des personnes qui m'entourent. Durant les repas, qui se font en commun dans la salle à manger de l'hôpital, je me contente d'acquiescer sans entamer la conversation. L'une des résidentes est devenue ma chouchoute. Marie-No, une jeune femme qui s'exprime très peu oralement. Elle n'a que deux dents tachées et difformes, elle refuse de s'alimenter. Alors, assise à ses côtés, je tente des astuces, les mêmes que j'ai mises en place pour Baptiste. Des jeux, de l'humour, des petits chantages. Je suis satisfaite de l'observer s'amuser et grignoter quelques fourchettes. J'éprouve un sentiment de fierté, je réalise que je suis capable d'aider une personne en difficulté, sans jugement, en toute bienveillance. Marie-No me surnomme « la puce ». Elle me cherche dans les larges couloirs de l'hôpital, surtout à l'heure du déjeuner et du dîner. Si par malheur nous ne nous retrouvons pas assises l'une à côté de l'autre, elle refuse de s'asseoir, décline le repas, et part en crise lorsque les infirmiers tentent de la convaincre de s'attabler. Je l'ai vu hurler et se rouler par terre quand ils ont insisté pour la doucher, j'ai eu mal dans ma poitrine, j'ai revu mon Baptiste en lutte pour sa toilette, et je me suis dit « ben oui, mais il n'a aucun retard mental, et nous cherchons avec des professionnels comment l'aider. Ça ira, en grandissant, il gagnera en autonomie… Marie-No n'a pas eu cette chance… ».

Heureusement, je suis parvenue à me reposer. J'avais une chambre pour moi toute seule. Une vaste pièce meublée d'un petit bureau, d'un lit et d'une armoire, et surtout une douche et des toilettes privées. J'avais l'autorisation de sortir de la structure pour prendre l'air, voir des amis, lécher les vitrines. J'ai dû m'infliger quelques rendez-vous pompeux avec un psychiatre au profil bien caricaturé : Monsieur le « psychiatre », ce qui au final me faisait pouffer de rire…

J'ai choisi d'écourter mon séjour, quelque peu harcelée par un résident. Un grand, fin comme une allumette, de petites lunettes devant ses yeux marron, pas vilain garçon… Il s'arrangeait pour partager la même table que moi. Il me clamait qu'il me trouvait belle. Il me rabâchait ses goûts musicaux, insistant, à la recherche de réponses de ma part. Il me disait encore qu'il me trouvait belle. Lassée et furtive, je lui ai répondu que mon mari tenait les mêmes propos. Ça l'a achevé. Il s'est mis à crier « elle veut pas de moi », « je suis nul », « je veux mourir », les mots lui arrachaient la gorge, c'était effrayant à voir. Je jouais de plus en plus à cache-cache dans l'hôpital, de peur qu'il ne me tombe dessus. Alors j'ai spécifié à « Monsieur le psychiatre » que je me sentais prête à rentrer à la maison. En réalité, j'aurais souhaité encore me reposer.

Bref, j'ai eu trois semaines de répit, à me prélasser dans ma chambre, à écrire, dessiner, regarder des films sur mon ordinateur. Au calme, faisant abstraction des scènes parfois surprenantes des autres patients. Sans le stress et la peur du quotidien avec Baptiste.

J'ai presque digéré ma bêtise. Presque, car je ne me pardonnerai jamais mon geste égoïste. Je me rappellerai toujours être la femme qui aurait abandonné lâchement son mari, le laissant avec deux jeunes enfants sur les bras, à cause d'une mère trop faible pour accepter de vivre.

Les garçons semblent ravis de mon retour. Moi beaucoup moins. J'apprécie ne plus avoir à vivre en communauté avec des personnes au profil très particulier, mais je fais à nouveau face à la peur. Baptiste paraît plus malléable bien que les crises ponctuent toujours nos journées. En revanche, les couchés et les nuits demeurent difficiles.

Et je suis fatiguée.

Emmanuel est fatigué.

J'ai peur des réactions de Baptiste.

Emmanuel a non seulement peur des réactions de Baptiste, mais il craint encore plus ce qui pourrait me passer par la tête. Prévoyant, il a vidé l'armoire à pharmacie, s'assurant qu'aucun somnifère ou anxiolytique ne puisse passer entre mes mains. Il est terrifié à l'idée que je recommence. Terrifié que je m'enivre pour oublier. Je tente tant bien que mal de le rassurer. Mais je doute de moi-même. Je m'en veux tellement de lui avoir fait subir mon acte. J'ai tellement honte de moi. Je me persuade que ça va aller, que nous allons trouver la sérénité, que nous vivrons tous les quatre dans la joie. Mais une petite voix me susurre sans cesse d'un ton vicieux « non, non, non, tu n'es pas assez forte pour cette vie-là ». Et je la crois, car je ne parviens pas à apprécier le quotidien. J'ai hâte de regagner mon lit dans l'espoir de dormir profondément. Les bons moments ne me procurent aucun plaisir, je redoute le pire à chaque instant. Quand Emmanuel a jeté les médicaments, j'ai même éprouvé une grosse déception. J'ai pensé « comment ferai-je sans médicament si je ne me sens plus capable d'affronter la vie ? ».

Alors je m'en veux. Constamment. Je crois que j'ai perdu toute estime envers moi-même.

Heureusement, je me réconforte auprès de Bulle. Bien plus qu'un chat à mes yeux, elle m'apporte tellement de douceur. Je la trouve bizarre ces derniers temps. Elle continue à se gratter nerveusement, elle a mauvaise haleine, et surtout de violentes quintes de toux surviennent plusieurs fois par jour. Quand je la caresse, elle ronronne, semble savourer l'instant, puis s'énerve d'un coup, sans prévenir, elle grogne et souffle. C'est étrange, je la trouve vieillie. En tout cas, elle se comporte de manière formidable avec Baptiste, tel un animal de médiation. Elle l'accompagne partout. Souvent, je peux le laisser un peu tout seul dans sa chambre parce qu'elle reste à ses côtés, comme si elle savait sa fragilité, comme si elle sentait qu'il fallait absolument veiller sur lui. Et c'est vrai, Baptiste refuse d'être seul. Touille, elle, s'en fiche. Elle préfère jouer avec sa petite souris pendue à un fil, chasser les papillons du jardin, les lézards, les mulots. Elle déteste qu'on la titille. Je suis la seule à pouvoir la prendre dans les bras sans qu'elle se sauve.

Benjamin
Je suis content

Ma maman est rentrée ! Je suis content, Baptiste aussi.

Et papa aussi ! Pis maman elle fait quand même mieux à manger que papa. Je suis content.

Et les chattes aussi ! Elles ronronnent tout fort ! Bulle est bizarre, il lui manque plein de poils sur le ventre. Le vétérinaire dit qu'elle doit avoir des puces donc qu'elle se gratte, alors elle est devenue toute nue…

Emmanuel
La mascarade des non-dits

Suis-je devenu sauvage ? Susceptible ? Persécuté ?

J'ai l'amère sensation de déranger lorsque j'exprime notre surcharge familiale. Je sens dans le regard des gens beaucoup de malaise. Me plaindrais-je constamment ? Ne serais-je jamais satisfait ? Frustré ? Incapable d'apprécier les petits bonheurs de la vie ? Déblatérais-je sans relâche notre profond désespoir sans aucune lueur de ce qui devrait satisfaire n'importe qui ?

Oui, c'est vrai, j'admets rabâcher notre « malheur ». Quand je croise un collègue ou un proche, les premiers mots d'une conversation sont « salut, ça va ? ». Avant Baptiste, je répondais mécaniquement « oui et toi ? ». Aujourd'hui, tout est différent. Au fond de moi, une douleur inexprimable m'empêche de satisfaire mon interlocuteur. Je ne peux plus répondre à cette question si banale, parce que je ne vais pas bien. Ma famille ne va pas bien. Se contenter d'un « oui », m'est devenu impossible. Je préfère esquiver et me contenter d'un « et toi ? » afin de ne pas m'effondrer.

Il y a des personnes avec lesquelles nous nous permettons d'exprimer notre surcharge, mais à chaque fois, j'ai l'impression d'en faire trop, de m'apitoyer sur mon sort. Eh bien oui, notre fils est Asperger, et alors ? Il est en bonne santé, très intelligent, si mignon… Il faudrait songer à relativiser !

Pourtant nous survivons chaque jour, esclaves de Baptiste, en espérant quelques notes positives par-ci, par-là. Un rien peut le mettre en état de crise. Un mot, un geste, une contradiction, un bruit, une caresse, une odeur ou un regard, un petit quelque chose qui nous échappe et le transforme en tortionnaire, plongeant ainsi toute la famille dans la tension, les cris et l'impatience. C'est éprouvant, ça rythme notre quotidien, ça ne s'arrête jamais. Et le pire, c'est de constater que notre fils, lui-même, en bave durant ces moments. Nous voyons bien qu'il déborde et souffre de ne pas agir autrement. C'est affreux de l'entendre nous supplier « aide-moi » quand on ne saisit pas la source d'une crise.

J'imagine qu'il semble difficile de mesurer notre désarroi vu de l'extérieur. Après tout, quand nous quittons notre foyer, Baptiste se contient. Nous, en tant que parents, sommes les témoins du masque qu'il endosse. Nous observons son petit corps qui en dit long sur son inconfort. Un si petit corps, tout crispé. Des gestuelles bien à lui. Des bruits de bouche constants. Il se réfugie dans nos bras, refuse de se mélanger aux autres. Quand nous faisons les courses, bien tassé sur le siège d'un caddie, il sourit à tout le monde, discute même. Nombre de fois où des inconnus ont complimenté son sourire adorable et son langage si développé pour son âge. Nombre de fois où j'ai entendu « qu'il est mignon, il a l'air coquin », ou encore « ho la bonne bouille, vous ne devez pas vous ennuyer avec lui ! ». Non, je ne m'ennuie pas, jamais… Les courses terminées, à peine l'ai-je installé dans le siège auto que le petit démon qui est en lui ressort de plus belle, comme s'il devait vomir tout le « sur jeu » merveilleux qu'il a adopté dans le magasin.

Alors aujourd'hui je n'ai plus la force de répondre aux « ça va ? ». J'engouffre au plus profond de moi ma douleur qui progressivement me ronge et se transforme en rage. Je cogite à notre avenir, à l'espoir d'une évolution, d'un soupçon de sérénité, à l'envie d'une famille épanouie.

Touille
Un truc infaillible

Parce que ce n'est pas normal.

Maîtresse est partie.

Puis elle est revenue.

Rien n'a changé.

Toujours des cris.

Des nuits chaotiques.

Bulle qui pique ma bouffe.

Pas un humain pour me câliner en journée, à part Benjamin à consoler.

Alors j'ai trouvé un truc infaillible : le pipi ! Pipi sur les sacs, pipi dans l'armoire, trissettes contre les murs, et le top du top : pipi sur le vieux parquet en bois, là où l'urine pénètre en profondeur, puis dégage une vulgaire odeur de « pisse de chat ». Le parquet s'imbibe insidieusement, laissant apparaître une disgracieuse empreinte jaunâtre sur le plafond de l'étage en dessous.

Je suis fière de moi, une vraie pisseuse ! Mais toujours très mignonne, je veille à soigner mes adorables miaulements de boule de poils, mes chaleureux ronronnements, et les quarts d'heure à cotonner sur la couverture toute douce du lit.

Je n'aurais pas dû.

Je me suis fait coincer… Blanche m'a violemment saisie par la peau du cou, m'a plongée la tête la première dans mon pipi, baladant sévèrement mon minuscule nez de gauche à droite. J'ai eu le droit à une tape sur le cul, elle m'a soufflé dans le nez m'exprimant son mécontentement, puis a terminé par me jeter violemment dehors…

Je n'aurais pas dû.

Ha bulle s'est bien marrée ! J'ai surpris son regard de vicieuse, assise confortablement sur le bord de la fenêtre de la cuisine, à me narguer ! Vieille peau qui pue de la bouche !

Heureusement, Blanche m'a laissée rentrer le soir. Elle déteste quand je dors dehors. Je me suis blottie dans ses bras, j'ai frotté mon museau humide contre ses joues, tout en ronronnant très fort. Pardon maîtresse. Pardon… J'en ai eu des papouilles et des câlinous ! Elle m'a même donné des friandises !

Alors infaillible, non ?

Benjamin
Le dernier jour d'école

Tous les copains étaient contents. Le dernier jour d'école ! « Passez de bonnes vacances et reposez-vous bien », a dit la maîtresse…

Mouais… Au moins, quand je suis à l'école, c'est calme. Je ne vois pas Baptiste. Pas de crise, pas de parents furieux, pas de remontrance ni de consigne trop stricte. En classe, je travaille bien, je suis sage, j'écoute la maîtresse. Pendant la récrée je joue dans la cour avec mes copains, les journées défilent aussi vite qu'un TGV !

Mais voilà, deux mois sans l'école ! Deux mois à la maison avec Baptiste ! Maman a tenté de me distraire. « C'est cool, on va mettre une piscine dans le jardin ! », a-t-elle dit joyeusement. Oui ça c'est super cool, j'adore jouer dans l'eau, je pourrai jouer avec mon petit frère, on s'éclaboussera !

Papa a gonflé la piscine. J'étais tout excité, maman n'arrêtait pas de me dire « du calme ». Baptiste a beaucoup crié, car il voulait se baigner tout de suite. Je lui ai dit, moi, qu'il fallait attendre que papa ait terminé. Pis maman a ajouté qu'il fallait patienter que l'eau chauffe un peu au soleil. Alors Baptiste s'est fâché tout rouge, plein de « ta gueule » ont explosé dans sa bouche… Et enfin, après le goûter, maman, nous a donné nos maillots et nous a tartinés de crème solaire. Plouf ! Je me préparais à bien m'amuser moi ! Mais papa et maman répétaient « calme-toi » ou encore « fait doucement », « moins fort, on a des voisins », c'était chiant. Baptiste rigolait bien dans l'eau, on a failli jouer ensemble. J'ai fait trisser de l'eau sur lui, ça l'a mis dans une colère noire ! Maman a crié « non Benjamin, tu sais bien qu'il ne supporte pas ça ! », alors j'ai continué à m'amuser tout seul. Mais j'avais envie de l'intéresser à mes jeux, c'est mon petit frère quand même, j'aimerais bien m'amuser avec lui ! Sans m'en rendre compte, je lui ai à nouveau envoyé de l'eau au visage. Il m'a engueulé sauvagement en poussant des cris insoutenables. Forcément, je me suis fait gronder. « Mais ce n'est pas possible Benjamin, il faut te le dire comment ? Ça te fait plaisir de l'entendre hurler comme ça ? ».

C'était nul. Je suis sorti de l'eau et je suis rentré, fâché. Baptiste aussi.

Maman m'a annoncé : « tu iras au centre aéré ». Je voulais pas. Maman a insisté « c'est comme ça, je ne te laisse pas le choix »… J'ai eu très peur, j'aime pas aller dans des lieux où il y a trop d'enfants, des enfants que j'connais pas. Mais maman, elle ne m'a pas écouté. Elle a dit que je m'amuserais bien et que je n'aurai pas à subir les crises de mon frère. Alors elle m'a inscrit pour une semaine au centre aéré. Le premier jour, j'ai senti un gros nœud dans mon ventre, dès le réveil. J'ai eu du mal à avaler mon petit déjeuner, en plus Baptiste s'énervait parce que maman préparait mal sa tartine. Il fallait que le Nutella déborde sur les côtés, de manière régulière. Quand je suis arrivé au centre, il y avait la gentille dame, la directrice. D'une voix toute sucrée, elle m'a accueilli. J'étais content de la voir, elle est gentille, il y a du soleil dans sa voix quand elle parle. Et pis je la connais, c'est elle qui s'occupe de la garderie après l'école, ça m'a rassuré qu'elle soit là. Mais quand j'ai vu tous les enfants courir et s'amuser dans la cour, j'ai pris peur ! Plein d'inconnus ! Des petits, des grands ! J'ai paniqué, je me suis jeté dans les bras de papa en pleurant. Papa m'a consolé. « Ce sont les copains que tu croises parfois à l'école non ? ». Ben non. Ha si ! Là, il y a Nina ! Et là, c'est Éline ! Et Gabin ! Ho super mes copains de classe ! Finalement, j'ai lâché papa et séché mes larmes pour que personne ne me voie pleurer comme un bébé. Ce serait trop la honte. J'ai rejoint le groupe avec l'animateur, Marco, un monsieur super trop rigolo !

Maman était contente, parce que je me plaisais bien au centre aéré. On jouait dehors, on se déguisait, on préparait des gâteaux, on se retrouvait pour de grands jeux, et des fois on partait pique-niquer au soleil. Elle m'a poussé à y aller une deuxième semaine. J'étais content de retourner m'amuser là-bas, mais j'ai cru que maman ne m'aimait plus, qu'elle voulait se débarrasser de moi, qu'elle préférait s'occuper de Baptiste. Toujours Baptiste ! À chaque fois qu'elle me récupérait le soir, elle souriait tendrement, impatiente de connaître ma journée.

Moi j'aime pas raconter ma journée.

Blanche
Une journée extra vaut plusieurs journées fichues

Il existe des journées extras. Elles sont si rares. Sourires, joies et éclats de rire faciles (voir démesurés, toujours extravagants…), frustrations tolérées, amusements et complicité entre frères. Siestes, couchés et nuits simples.

Ces journées idéales nous font toujours douter. Baptiste ? Autiste asperger ? Serait-ce une erreur de diagnostic ? Sommes-nous en train d'exagérer et de tracer le portrait d'un enfant invivable à notre entourage juste parce que nous ne le supportons pas ? Serions-nous simplement de mauvais parents, impatients, colériques, bien trop stricts ? Qui est donc ce petit garçon devenu soudainement adorable, tendre, blagueur ? J'ai l'impression de ne pas le connaître.

Après ces journées, qui semblent peut-être ordinaires pour monsieur et madame Tout-le-monde (je n'exclus pas quelques colères et caprices, l'enfant modèle est un mythe), il y a le contre coup. Baptiste ne redevient pas « juste » difficile… Je dirais plutôt que tout ce qu'il a « contenu » durant ces merveilleux moments va exploser « en plus » de son état habituel, et cela durant plusieurs jours et nuits… En résulte une gestion infernale pour toute la famille, et pour lui-même, très certainement.

Nous revivons alors l'enfer des couchés interminables et des réveils nocturnes. Au lever, nous nous faisons insulter. Nous esquivons certains coups (et dire qu'il n'a que trois ans, qu'en sera-t-il plus tard, quand son tout petit corps d'enfant se sera développé en taille et en capacité musculaire ?). Nous tentons de tempérer malgré la fatigue physique et nerveuse. Le choix du petit déjeuner dure un temps considérable, Baptiste ne sachant quoi manger. Si nous lui proposons un choix pour l'aider, c'est pire. Au final, après l'avoir servi, tout sera prétexte à le contrarier : le cacao ne sera pas bu, le jus de fruits finira par terre, le gâteau sera lancé, le tout ponctué de cris stridents, de « ta gueule » et de « merde »…

Je ferme les fenêtres, nos voisins doivent vraiment nous prendre pour la « famille tuyau de poêle ».

Le plus important, garder son calme.

Facile à dire.

Quand on vit comme ça depuis trois ans, que la tension nerveuse a pris le dessus, ça semble impossible.

Ensuite, il ne jouera pas seul, nous serons toujours sollicités, dans la même ambiance de crise. Il n'y aura pas de sieste. Les repas s'avéreront encore plus compliqués que d'habitude. Benjamin subira la pression de son petit frère. Il tentera l'impossible pour capter notre attention. Baptiste n'acceptera pas sa présence dans une pièce et viendra même le frapper.

Le pire pour nous, c'est qu'à l'extérieur il y aura bien une personne innocente et gentille pour nous rappeler qu'on a de la chance d'être en vacances, l'occasion de nous reposer… Si seulement…

Après ces journées horribles, je surfe sur internet, épluchant les témoignages de familles avec un enfant atypique, souvent prénommé « enfant extraordinaire ». Au final, je crois que ça m'agace encore plus parce que je ne lis que des propos du genre « le combat d'une mère », « je ferai tout pour mon fils », « je l'aime tellement »… nia nia nia…

Moi, dans ces moments-là, je ne veux plus être mère. Je ne m'en sens plus la force ni le courage.

Dans ces moments-là, je meurs d'envie de secouer mon enfant, de lui hurler dessus, de le frapper.

Dans ces moments-là, je regrette de l'avoir mis au monde.

Dans ces moments-là, je préférerais ne pas être sur cette terre. Parce qu'à la vérité, nous ne nous consacrons qu'à Baptiste, notre vie tourne exclusivement autour de lui. Tout est prévu selon son humeur. Esclaves des conséquences de son autisme, nous n'avons plus le droit de bavarder entre nous, tout doit le concerner. Tout, tout le temps… Il est devenu mon tortionnaire.

Et nous, notre couple ?

J'oubliais, « nous »… Il faudrait nous ménager, passer de bons moments en amoureux, offrir de la « légèreté » aux enfants. Et surtout ne pas nous inquiéter, « tout s'arrangera avec le temps, Baptiste réussira sa vie ».

Personne ne semble vouloir entendre que la difficulté de la situation se passe maintenant. Il faut certes aider l'enfant, mais aussi songer aux parents et à la fratrie.

Benjamin
Ciao

C'est décidé, je déménage !

Quand ? Je ne sais pas.

Où ? Je ne sais pas non plus.

Mais je ne veux plus habiter ici ! Mon frère hurle tout le temps. Papa et maman sont méchants avec moi, ils me crient dessus pour un rien.

Je veux déménager tout seul.

Avec Toutouille.

Et Bulle.

Et ma maman.

Et mon papa.

Comme avant…

Bulle
Faible

J'ai baissé ma garde.

De moi-même, j'ai abandonné le lit. Touille a beau être minuscule, elle prend toute la place, sans parler de ses ridicules ronrons qui me hérissent le poil. En plus, Baptiste nous empêche de dormir. Je préfère me barricader à la salle de bain, comme ça je n'ai pas à subir les allers-retours de Blanche et Emmanuel qui se lèvent à tour de rôle pour l'apaiser. Dans la salle de bain, je me suis dégoté un lit douillet, tout pile à ma taille ! Dans le meuble, il y fait sombre, je cotonne sur un tas de serviettes toutes propres qui sentent bon la lessive. Blanche râle à cause des poils que je sème partout, mais tant pis, c'est mon petit lieu de tranquillité et j'y tiens !

Durant la journée, je veille au grain. J'observe Benjamin qui a bien besoin d'une oreille et de tendresse. Je voudrais lui parler, le conseiller, le rassurer, mais je ne suis qu'une chatte vieillissante, alors je compense par ma tendresse. Je grimpe sur ses genoux, je l'écoute vider ses casseroles, lui offrant mon pelage pour les caresses. C'est qu'il en a gros sur la patate, le minet !

J'accepte la brutalité de Baptiste. Tant pis, je ferme les yeux. Je sens que ma présence l'aide et je dois admettre que je me suis attachée à ses yeux de hibou, je devine sa sensibilité et je le crois attentif à mon égard…

J'essaie tant bien que mal de jouer mon rôle de chat protecteur, mais de vous à moi, je fatigue. Blanche, l'air soucieux, me dit souvent « t'as une tête de vieux chat ». Je n'ai que neuf ans. Mais j'ai l'impression d'en avoir quatorze. Mon corps me fait souffrir. Je ne prends plus plaisir à m'évader dans le jardin. Je sens la rage monter en moi quand Touille me cherche pour jouer à la bagarre. Je dors. Beaucoup. J'ai tout le temps envie de dormir. La pile de serviettes m'appelle à tout moment de la journée. Je lutte pour faire bonne figure aux yeux de mes maîtres, soucieuse de notre famille abîmée.

Je crains de ne plus réussir à tenir longtemps. Je tousse. Des quintes de toux, qui me font mal dans la poitrine. Blanche se demande si ce sont des poils coincés dans ma gorge. J'en doute. Mais je dois rester au top pour Benjamin qui grandit trop vite. Je dois rester à l'affût de Baptiste pour lui tenir compagnie dès que nécessaire, il a si peur d'être tout seul.

Blanche râle tout le temps, car je me gratte toujours autant. Je sème des touffes de poils un peu partout dans la maison. Et aussi parce que je suis trop gourmande, mais moi, tant que j'ai de l'appétit, c'est que je suis en vie ! Dans les yeux de Blanche, je lis l'inquiétude à mon égard, elle me cajole autant que je m'inquiète pour elle.

Je dois tenir bon…

Benjamin
Bulle

Maman est soucieuse. Elle dit qu'elle doit conduire Bulle chez le docteur des chats. Pourquoi ?

— Parce qu'elle ne respire pas bien mon cœur, je crois qu'elle a besoin d'aide.

— Je veux venir avec toi.

— Non mon cœur, tu vas en classe, ne t'inquiète pas je te retrouve à la sortie de l'école, ça va aller…

Maman n'est pas venue me chercher à l'école. C'était papa. Pfff, j'aime bien quand c'est maman. Papa a dit que Bulle ne rentrerait pas. Je n'ai pas tout compris, alors j'ai attendu le retour de maman.

Elle avait les yeux rouges et tout mouillés. On terminait de manger nos pâtes, l'éducatrice était là pour Baptiste… Maman nous a expliqué que Bulle ne reviendrait jamais à la maison, mais qu'elle resterait dans nos cœurs pour toujours.

Elle est morte ? ai-je demandé.

Oui mon petit cœur, elle est morte.

Pourquoi ?

Elle était très fatiguée. Elle n'arrivait plus à respirer. Le vétérinaire m'a avoué qu'elle ne pourrait plus vivre longtemps.

Elle est morte ? a questionné Baptiste à son tour.

Oui mon cœur.

Mais c'est pas grave, elle va revenir… a-t-il répondu.

Non Baptiste. Elle est partie pour toujours, elle s'est endormie dans mes bras, et elle ne se réveillera pas.

T'es sûre qu'elle dort ? j'ai demandé.

Oui. Le vétérinaire lui a fait une piqûre pour qu'elle s'endorme, car elle souffrait beaucoup. Et après, il lui a administré une deuxième injection pour que son cœur cesse de battre.

Elle est morte ? a répété Baptiste.

Mais oui elle est morte, puisqu'on te le dit ! Il m'énerve à poser encore cette question. L'éducatrice lui parle à son tour, comme maman, pour lui dire que c'est fini. Elle est morte, ben elle est morte ! Baptiste demande encore et encore. Elles ont beau lui répondre, à chaque fois il repose la question. Ce qu'il peut être agaçant !

Je suis monté jouer dans ma chambre, puis je me suis dépêché de me préparer pour retourner à l'école. J'étais pressé, c'était le jour de la piscine, et moi j'aime bien aller à la piscine avec la maîtresse.

Quand je suis rentré après la classe, maman avait encore les yeux tout rouges et tout bouffis. Elle m'a fait un gros câlin en me demandant comment j'allais. J'ai dit « ça va, pourquoi ? ». Elle m'a répondu, les yeux tout mouillés, « moi, elle me manque, je suis triste ». Et je suis allé prendre mon goûter. Quand j'ai terminé mes gâteaux, je suis monté dans ma chambre. J'ai voulu me jeter sur mon lit pour le moment câlin avec Bulle. Il y a des poils tigrés sur la couverture en polaire au pied de mon lit. Mais elle est où ? Où est ma Bubulle ? En plongeant mon nez dans la couverture toute douce, l'odeur de bulle m'a chatouillé les narines. Et un sanglot long m'a coupé le souffle. Les yeux noyés de larmes, j'ai cavalé dans les escaliers pour retrouver maman. Elle se trouvait dans le salon. Maman m'a serré fort dans ses bras. On a inondé nos joues ensemble. Ça a mis Baptiste en colère.

Elle est morte, on ne la reverra plus jamais.

Et Baptiste nous crie dessus.

Elle me manque ma Bulle.

« Elle revient quand ? » a encore demandé Baptiste.

Blanche
La solitude

Depuis ses premiers jours, je fouine, à la recherche de témoignages. Quelqu'un vivrait-il nos difficultés ? Je me sens si seule à affronter nos journées compliquées.

Alors je lis, beaucoup : *Je suis à l'est* de Joseph Shovanec ; *Je suis né un jour bleu* de Daniel Tammet ; la bande dessinée *La différence invisible* de Julie Dachez et Mademoiselle Caroline ; *Asperger et fière de l'être* d'Alexandra Reynaud ; *D'un monde à l'autre* d'Olivia Cattan ; *J'accuse* et *L'empereur c'est moi* d'Hugo Horiot, *Le petit prince cannibale* de Françoise Lefèvre ; *L'intervention précoce pour enfants autistes* de Laurent Mottron, etc. Je lis dans l'espoir de me retrouver dans ces mots. Mais chaque histoire est différente, il n'y a pas qu'une sorte d'autistes, mais autant d'autistes que d'autismes…

Je me rabats sur internet, souvent… Quand je doute. Quand je cherche à comprendre notre quotidien, à vérifier que d'autres mamans partagent les comportements envahissants de leur progéniture. Ce qui me saute aux yeux, c'est que bien souvent, je me retrouve, moi en tant que personne. Je me revois petite fille, les souvenirs remontent à la surface et les symptômes racontés dans les témoignages me correspondent. Alors je me sens d'autant plus perdue, car je ne suis pas autiste, et pourtant ça commence à m'interroger.

Sur les forums de discussions, j'ai constaté qu'en général, les parents sont dans le déni. Qu'ils refusent d'admettre ou d'accepter l'autisme de leur enfant, que ce sont les professionnels qui leur ouvrent les yeux.

Pour nous, c'est l'inverse.

J'ai tout de suite senti une particularité, un sentiment étrange, indéfinissable. Une sorte de lien à la fois noué et dénoué avec mon bébé. Comme Emmanuel me tempérait à cause de mon anxiété souvent démesurée, j'ai voulu le croire en me persuadant que tout allait bien avec notre enfant. Ma maman m'a consolée, me partageant son expérience de mère, m'affirmant qu'il serait moins compliqué en grandissant.

Il hurlait, déjà tout bébé, et ça empirait. Il ne dormait pas. Je ne supportais plus le manque de sommeil, les repas trop difficiles, les cris… Alors j'ai consulté un ostéopathe dans l'espoir qu'il dorme et qu'il s'alimente suffisamment. J'ai évoqué l'autisme. Surpris, il m'a attesté que Baptiste n'avait rien d'un enfant autiste. Il l'a manipulé, me promettant qu'après la séance il accepterait de se laisser aller dans les bras de Morphée. Que nenni ! J'y ai cru, j'ai croisé les doigts, mais non, cela n'y changea rien. Alors j'ai réitéré, convaincue que ça pourrait l'apaiser. L'ostéopathe m'a rassurée et a évoqué un probable inconfort digestif. Sous ses conseils avisés, j'ai testé les probiotiques, puis l'homéopathie. En vain… Notre médecin généraliste s'est montré sceptique face à mes doutes : « Il est très difficile ? Il pleure ? Rien de plus normal c'est un bébé, il doit faire ses dents ». Un autre docteur a conclu qu'il était en parfaite santé, qu'il avait surtout besoin de mes bras. Un autre encore m'a interrogée sur une éventuelle intolérance au lactose, ou au gluten. Alors j'ai vu un allergologue qui lui a prescrit du lait de riz. Très cher, à se procurer uniquement en pharmacie, il en a consommé bon nombre de biberons, sans plaisir apparent. Aucun résultat probant. Dans le doute, il a proposé d'évincer les œufs puis le gluten. Sevrage réalisé, aucun changement à l'horizon… À bout de souffle, je me suis rabattue auprès d'un magnétiseur, prête à tout pour apaiser notre fils et notre vie de famille. Il m'a conseillé de me détendre et de lui prescrire des plantes pour apaiser ses angoisses de nourrissons.

« Tout va bien se passer » m'empoisonnaient les gens. Mais moi, plus le temps s'écoulait, plus je savais. J'ai passé des soirées entières à effectuer des recherches, décortiquant les symptômes d'un tas de pathologies psychiatriques, en quête de me rapprocher de nos difficultés. Plus je lisais, plus je m'en persuadais, j'avais mis mon dévolu sur le syndrome d'asperger et j'aurais donné n'importe quoi pour qu'un professionnel m'écoute.. Mais qui étais-je pour évoquer un tel diagnostic ? La maman épuisée qui cherchait absolument à coller une étiquette sur son fils invivable ? La mère incapable de le supporter ? La femme anxieuse ? Débordée ? Défaitiste ?

Heureusement, dans l'incompréhension face au comportement de Baptiste, Emmanuel, désarmé, a commencé lui aussi à s'interroger. Je lui ai fait part de mes pensées et déductions. Je lui ai proposé la lecture d'un long descriptif sur le diagnostic complexe et précoce d'un enfant asperger. Au fil des mots, il a répété « c'est Baptiste ».

Oui, c'est Baptiste. Mais quoi que ? On n'en rajouterait pas un peu ?

Voyons une psychologue, histoire d'obtenir un regard professionnel.

La psychologue, la première que nous avons consultée, l'a trouvé très éveillé du haut de ses deux ans. Elle m'a demandé si je n'étais pas un peu étonnée par ses capacités intellectuelles. Elle a évoqué un enfant très intelligent et frustré de ne pas parvenir à réaliser ce qu'il a en tête, un enfant probablement précoce. Elle nous a conseillé de le « mater » davantage… Le mater ? Emmanuel et moi sommes déjà très sévères ! Pas assez ?

Les conseils appliqués, nous nous sommes encore débattus pendant quelques mois avant de rencontrer une autre psychologue, conseillée par ma sœur, apparemment très efficace avec les enfants.

Alléluia ! Pour la toute première fois, un professionnel de santé a ouvert grand ses oreilles, attentif, compréhensif, bienveillant. Elle se nomme Estelle, une adorable femme, haute comme trois pommes, de jolies boucles dorées ornant ses grands yeux, des yeux inspirant la sympathie, l'écoute. La confiance s'est immédiatement installée et pour la toute première fois, nous nous sommes sentis entendus et tellement soulagés de pouvoir décharger nos valises, sans aucun jugement. Nous lui avons énuméré nos difficultés quotidiennes pendant que Baptiste jouait sagement dans un coin de son bureau. Elle l'a énormément observé. Puis elle a dit « je me fie à ce que me disent les parents. Madame, vous avez dit "il n'y a quelque chose qui ne fonctionne pas". Moi, je crois les propos d'une maman, quelque chose ne fonctionne pas, alors voyons ça… ».

Elle nous a laissé des questionnaires à remplir à la maison, sur Baptiste, ses habitudes, ses réactions, son comportement. Pointe-t-il du doigt ? répond-il à son prénom ? Interactions sociales ? Comportement ? Jeu ? Imaginaire ? Puis nous nous sommes revus pour faire le bilan. Ce jour-là, comme par miracle, Baptiste a fait une crise dans son cabinet ! Non seulement cette femme nous croit, mais en plus, voilà qu'elle assiste à un bref extrait de notre quotidien ! « Prenez rendez-vous au CRA », nous a-t-elle orientés. Mais l'attente est très longue pour obtenir un rendez-vous. Vous pouvez aussi passer par le CMP, le temps d'avoir un rendez-vous au CRA.

Dans l'attente d'une prise en charge, le CMP nous a reçus, nous a écoutés, nous a « conseillés », et rassurés. Mais durant nos rencontres, le CMP nous a donné le sentiment d'être de mauvais parents. Mon fils n'aurait rien d'étrange. Au grand jamais ne prononcer le mot « autiste » !

Pourtant, le diagnostic est tombé.

La preuve que nous ne sommes pas fous, débordés, trop exigeants, des parents qui ne supportent pas leur gosse… Des parents trop laxistes. Trop autoritaires. Trop stressés…

Un diagnostic réalisé par une équipe complète, s'appuyant sur une multitude d'observations, de tests, de questionnaires. Une synthèse évidente, effrayante, mais un soulagement.

Pourtant nous avons toujours cette sensation d'en faire trop, de nous lamenter constamment. Les gens nous répondent souvent « vous savez, tous les gosses sont pareils ». Et ils nous tartinent d'anecdotes sur leurs enfants, leur alimentation, leur sommeil, les frustrations, et j'en passe… Les gens ne semblent pas vouloir accepter notre situation. Serait-ce nous qui refusons leur compassion ?

Finalement, de bouche à oreille, nous avons fait la connaissance de parents d'enfants porteurs de handicaps. J'ai partagé mon vécu avec des mamans d'enfants autistes. Nous nous sommés s'est révélées nos astuces. J'ai intégré des associations prêtes à aider. Petit à petit, nous réalisons que le handicap invisible reste tabou. C'est comme si je venais de rencontrer des gens aussi isolés que nous, c'est comme si nous formions un groupe à part, voilà c'est ça, la secte des incompris. Les incompris qui bataillent sous une pile de paperasse, dans l'espoir d'obtenir des reconnaissances de handicap, des droits, des allocations pour aider nos enfants. La MDPH devient notre préoccupation, alors que notre quotidien nous vide déjà de notre énergie, devenue si rare.

Mais rien n'y fait. J'ai beau rencontrer des familles dans notre situation, un profond sentiment de solitude m'envahit de jour en jour. Les mamans semblent pleines de volontés, d'énergie, dans le partage et les conseils, et moi je me sens oppressée. Dans une petite boîte noire, enfermée, avec l'amère sensation d'être devenue étrangère à la réalité. Seule.

Touille
Toute seule

Où est-elle ?

Hier encore, elle ronflait sur le tas de serviettes.

Hier encore, elle se jetait sur ma gamelle, menaçante, fière de me dominer. Hier encore, elle me grognait des méchancetés quand je m'approchais de trop près.

Où est-elle ? C'est bizarre. Blanche semble triste. Elle sème son chagrin dans la maison. Parfois, elle m'attrape et me sert fort, très fort, le nez plongé dans ma belle fourrure noire, marmonnant de larmoyants « elle me manque ». Elle imprime des photos de Bulle pour les accrocher dans la chambre des petits monstres.

Où est-elle ? C'est vrai, elle m'agace à toujours trôner sur le bar de la cuisine. Est-ce que je grimpe sur les meubles moi ? Non ! En plus, elle a gardé cette écœurante habitude de me souffler dessus alors qu'elle ne sent pas bon de la bouche. Quand j'ai envie de jouer, elle m'envoie un vilain coup de patte et m'agresse de ses yeux jaunes, l'air de dire « dégage crapule ». Pas très sympa.

Mais où est-elle ? Elle me manque quand même.

Ils disent qu'elle est partie. Ils disent qu'elle a rejoint les petites étoiles scintillantes du ciel. Ils disent qu'elle ne reviendra jamais. Ils disent qu'elle est morte. C'est quoi ça « morte » ? Je suis toute seule, c'est ça ? Il n'y a plus que moi pour veiller sur cette famille abîmée ?

Avec qui vais-je parier pour obtenir les câlins de mes maîtres, ou la plus grosse part de croquette ? En plus, depuis qu'elle est partie, Blanche n'achète plus de pâtée, parce que je ne lèche que la sauce. Ben oui, j'exècre les morceaux de viande des boîtes, ils sont tous mous et pâteux, autant se rabattre sur un petit moineau, une souris ou une araignée… Avant c'est Bulle qui terminait ma part. Blanche ne veut pas jeter à la poubelle, alors fini la pâtée…

Ils disent que Bulle jouait un super rôle d'animal de médiation. Alors j'ai essayé d'en faire autant, mais le p'tit aux yeux de hibou, il m'énerve ! Il s'approche trop près avec sa grosse tête. Il me regarde fixement, me parle tout fort, me donne des ordres et moi j'aime pas. Alors je finis toujours par lui filer une bonne droite, comme Bulle m'en donnait. Résultat il gueule comme un cochon ! Heureusement qu'il y a Benjamin, je peux squatter sur son lit, au calme, là-haut dans sa chambre. Et il est souvent triste, il s'ennuie, il se sent seul, comme moi. Alors on se tient compagnie. Le soir, on regarde à travers son Velux à la recherche d'une étoile encore plus scintillante que les autres. On s'imagine que c'est Bulle qui veille sur nous. J'essaie un peu de prendre la place de Bulle dans le cœur de Benjamin. Peut-être que moi aussi, je deviendrai un chat de médiation. Mais de vous à moi, ça ne me fait pas trop rêver. Surtout avec Baptiste.

Emmanuel
Le Risperdal

Baptiste a trois ans et demi. Cela fait environ un an que le diagnostic est tombé. Depuis, nous avons demandé de l'aide. Une psychologue libérale spécialisée dans l'autisme est venue nous rencontrer, chez nous. Elle nous a offert un regard professionnel puis nous a proposé un accompagnement ciblé sur nos problématiques. À l'écoute de ses conseils, afin de compléter ses interventions, nous avons embauché une éducatrice à domicile. Au début, nous avons tout financé, de notre propre poche, inquiets des sommes versées chaque mois. Nous nous apprêtions à abandonner, car cela devenait insurmontable, nous n'avions plus suffisamment d'économies. Heureusement, elles nous ont mis en contact avec un dispositif relais dans l'attente d'une place au Sessad Autisme : le « PCPE » (Pôles de Compétences et de Prestations Externalisées). Après plusieurs rendez-vous, le PCPE a accepté de nous prendre en charge, ce qui nous a permis de poursuivre le protocole de soins pour Baptiste et le soutien nécessaire à notre famille.

Ces interventions s'avéraient plus que nécessaires. L'équipe de professionnels nous a aidés à gérer les repas et les couchers. Baptiste a ainsi fait d'énormes progrès. En parallèle, l'hôpital de jour nous a ouvert ses portes. Baptiste s'y rend deux après-midi par semaine. Il y travaille sa frustration, sa socialisation avec d'autres enfants, ses rigidités alimentaires. En octobre, alors que nous étions épuisés et dépassés par les crises, le pédopsychiatre nous a suggéré un traitement. Le choix fut difficile pour nous. Nous craignions de « droguer » notre petit garçon. Mais il fallait l'aider à sortir de ses crises de nerfs interminables et de ses angoisses indétectables, nous voyions bien sa détresse. Le pédopsychiatre nous a lui-même confié n'avoir jamais prescrit de « Risperdal » à un enfant de trois ans et demi… Sur la notice, il est spécifié « à partir de 6 ans »… Néanmoins, tant épuisés, nous avons opté pour la médication. La première semaine fut terrible. La deuxième, nous avons songé à stopper. Puis finalement, Baptiste a commencé à s'apaiser. Je craignais qu'il soit dans le coton, hors de son corps. Pas du tout, Baptiste ne semblait pas drogué, juste plus calme. Le bénéfice a été miraculeux pour nous, nous avons pu raccourcir la durée des crises, l'aider à verbaliser nombre de ses angoisses. Et surtout, il a trouvé un rythme de sommeil, ce qui pour nous devenait vital : les histoires, un câlin, et au lit, sans crise, sans réveil ni angoisse nocturne, jusqu'au petit matin. Un grand pas en avant pour toute la famille.

Baptiste est entré en petite section de maternelle, accompagné d'une AESH. Au début, il s'y rendait seulement une heure, deux fois par semaine. À présent, il y va deux heures, quatre fois par semaine. Cela paraît peu, mais nous écoutons son rythme, ses craintes. Augmenter les temps en classe s'est avéré complexe pour lui. Il a commencé à contenir plusieurs crises, à mal s'adresser aux adultes, à faire preuve d'insolence. Heureusement, l'équipe éducative est extra. Nous nous réunissons régulièrement, appuyés par l'hôpital de jour et l'équipe libérale.

Nous nous estimons chanceux.
Un diagnostic précoce.
Du personnel libéral compétent.
Une intégration nécessaire à l'hôpital de jour, efficace.
Une scolarisation progressive, dans la bienveillance.

De tout ce qu'on a lu et entendu, nous sommes chanceux. Mais je sais au fond de moi que la tentative de suicide de Blanche est entrée en jeu dans la liste de nos prises en charge accordées par la MDPH. Quand une maman tente de mettre fin à ses jours, ça alerte… Je suis à la fois écœuré que son acte soit devenu un passe-droit par rapport à toutes les familles en détresse qui attendent et pleurent, mais je suis également soulagé que nous soyons enfin entendus et reconnus dans notre souffrance.

Benjamin
Je dois penser à tout

Je veille sur mon petit frère. Même s'il m'énerve, s'il me crie dessus, si je ne le comprends pas toujours. Je sais à quel point l'organisation doit être parfaite et comme dit maman « potrocolaire », heu… « potoloclaire »… « Proto truc », je sais plus.

Par exemple, Baptiste mange toujours la même chose : des pâtes, assaisonnées dans un ordre bien défini, du sel, puis du curry, puis du parmesan, plein de parmesan ! Je sais qu'il est très important de respecter l'ordre, sinon, il ne mange pas. Je sais aussi que le soir, à 19 h 30, maman donne le Risperdal.

Mais voilà, hier soir, maman a oublié, et je n'ai pas vu ! Mais quelle nouille ! En même temps, elle n'arrête pas de me dire « t'occupe, ce n'est pas ton problème »… Alors hier soir, comme Baptiste était pénible, je suis monté dans ma chambre juste après le repas… Hé bien aujourd'hui, Baptiste s'est montré affreux ! Des cris toute la journée, il nous a réclamé pleins de vieux rituels d'avant, il n'a rien accepté de moi, je me suis fait insulter toute la journée et il refusait même que je le regarde. Moi j'en avais marre. Maman aussi. Elle a même pleuré. J'aime pas quand maman est triste. Le soir, il a fait comme avant, maman n'est pas parvenue à le coucher. Elle a dit à papa « je ne peux pas, je suis en train de revivre le passé, ça me terrorise, j'ai peur qu'il nous empêche de dormir toute la nuit ». Alors c'est papa qui a pris le relais. Et c'est à ce moment-là que maman a percuté « Mince, hier soir, il n'a pas eu son médicament ! ». C'était la première fois que ça arrivait. Ben on n'est pas près d'oublier ! Maman a même dit « je me demande à quoi ressemblerait notre vie s'il n'avait pas ce traitement ». Moi je vais faire super attention, tous les soirs à 19 h 30, je demanderai à maman si Baptiste a eu sa dose. J'aime pas voir maman triste et fatiguée. J'ai peur qu'elle retourne à l'hôpital.

Blanche
4 ans et demi

Mon fils,

Tu as fait ta deuxième rentrée.

Nous sommes si fiers de tes progrès depuis la mise en place d'une prise en charge complète.

Grâce à l'assistante sociale, nous avons découvert l'association « les Francas » qui nous a proposé l'intervention d'une tierce personne pour que tu puisses te rendre au centre aéré pendant les grandes vacances. Nous étions très inquiets : centre aéré rime avec bruits et collectivité. Mais quelle chance ! Tout le monde a été aux petits soins pour toi ! La directrice, une femme adorable, le cœur sur la main et compréhensive, s'est adaptée au mieux. Nous avons pu choisir une jeune fille que tu apprécies pour le poste d'animatrice qui serait là rien que pour toi : notre baby-sitter. Tu t'es plu, tu y es même allé plus longtemps que prévu. Nous avons observé tes grands progrès durant cette période. Nous t'avons senti épanoui, fier de faire comme ton grand frère. Tu es devenu plus bavard, tu as retenu le prénom d'autres enfants, tu t'es parfois pris aux jeux collectifs. Quel bonheur !

Néanmoins, les grandes vacances nous ont semblé bien longues. Notre vie n'a rien de comparable à celle d'une autre famille, même si l'on peut considérer qu'il n'existe pas de famille « type » ou « modèle », élever des enfants apporte son lot quotidien de tracas pour n'importe qui…

L'autisme s'est invité dans notre foyer. Nous ne pouvons ni le fuir ni l'ignorer. Tu as beau nous offrir de l'espoir pour ton avenir, nous ne sommes jamais sereins. Nous devons apprendre à apprécier les moments drôles, les moments tendres, car un rien peut nous sauter à la figure. Tes angoisses demeurent, ta violence et tes cris nous rappellent souvent l'enfer qui m'a poussé à bout ce 1er mai 2017. Il n'est pas un soir où la boule au ventre me quitte. J'ai peur. Tout le temps peur. Peur que ça recommence, peur que les nuits redeviennent dramatiques. Je prends mon temps pour t'accompagner, j'y mets toute la douceur possible, j'essaie de poser ma voix de manière à ce que ton sommeil soit confortable dans une atmosphère rassurante (pourtant certains soirs c'est un sacré jeu de rôle pour moi, vu les heures précédant ton coucher, ponctuées de crises).

Hier soir, tu as recommencé. Tu as beuglé des espèces de cris d'animaux parce qu'après deux gros câlins, tu en réclamais encore et encore. Il fallait encore maman, encore une histoire, encore bercer debout, encore un verre d'eau, encore, encore… J'ai senti que ces « encore » m'emprisonnaient violemment. J'ai vu en toi le tortionnaire des nuits, celui qui nous menait à la folie. J'ai quitté ta chambre. Tu as poursuivi les hurlements pendant vingt minutes, au bout desquelles je suis revenue en colère, stricte. J'ai gémi que non, non et non ! Traumatisée par nos anciennes soirées à te contenir, j'ai perdu les pédales. Je t'ai vociféré des mots horribles, hors de moi, tentant de t'exprimer que je me pliais en quatre toute la journée et qu'il était hors de question que ça recommence. Hors de question ! J'ai contenu mes larmes. Tu m'as répondu en pleurant « d'accord ! rallume popopo (le mobile) et petite étoile (la veilleuse musicale) ». Tu t'es couché, à bout de nerfs. J'ai claqué la porte en partant, la poitrine serrée, les mains tremblantes, ce qui a alimenté tes pleurs.

J'ai détesté ce retour en arrière, qui pourtant n'avait rien de comparable à ce que nous avons traversé… Mais j'ai eu si peur ! Ça faisait trois soirs que les couchés tiraient en longueur, trois soirs durant lesquels tu essayais de raviver les vieux rituels.

Aujourd'hui, j'ai compris le pourquoi du comment. En effet, ce matin, tu as endossé ton costume de tortionnaire dès le réveil. Pendant une heure, j'ai négocié avec toi, esquivé les coups, tempéré, expliqué, détourné ton attention, jusqu'à ce que je te dépose à l'école. La maîtresse a alors évoqué l'exercice incendie du début de la semaine. Et depuis tu crains de retourner en classe. C'était donc ça le déclencheur ! Nous avons beau te rassurer, tu restes terrifié à l'idée que l'alarme sonne encore…

Voilà. Après une semaine de rentrée, où tout semblait s'emboîter aisément, nous repartons à zéro : affronter chaque départ pour l'école. Cela sous-entend, négocier le réveil, le petit déjeuner, l'habillement, la toilette (souvent aux oubliettes), le manteau, l'écharpe, les chaussures… Je t'amène, je suis tout juste habillée, parfois j'ai juste le temps d'enfiler un jean au-dessus de mon pyjama. Je ne suis pas coiffée, je ne me suis pas brossé les dents. Une fois pris en charge par ton AESH, je rentre à la maison, le cœur en tachycardie, les nerfs à fleur de peau, les larmes au bord du précipice. Dans la cuisine, le petit déjeuner est encore sur la table. Toi, tu as à peine touché à ton bol de cacao, tu n'as croqué qu'une fois dans ta tartine. Et moi, je me retrouve seule, face à moi-même. Je creuse au plus profond de moi à la recherche de l'énergie que tu as puisée en une petite heure, je m'évertue à trouver le courage de débarrasser, m'habiller, tenter de rester un peu femme, ce qui est bien loin de moi depuis quatre ans maintenant.

Benjamin
Que d'attention !

Baptiste par-ci, Baptiste par-là… Moi je crois que Baptiste, on ne parle que de lui. À toutes les sauces, tout le temps. J'ai bien compris, après m'être acheté des livres sur la différence et le handicap, après une tonne d'explications de papa et maman, après toutes les rencontres avec le psychologue du CMP, je me suis fait une raison, mon petit frère a le syndrome des asperges (moi je préfère dire asperge, c'est plus rigolo qu'asperger) et il a besoin d'accompagnements pour bien grandir. De beaucoup d'accompagnements… Trop. Je trouve qu'il passe toujours avant moi, je crois qu'il a bien trop de monde autour de lui. Ben oui, il se rend à l'hôpital de jour deux fois par semaine, il a une dame rien que pour lui à l'école et une autre rien que pour lui au centre aéré ! Pis maintenant, il est pris en charge par le Sessad autisme avec une psychologue, une éducatrice, une orthophoniste, une ergothérapeute, une pédopsychiatre… Pfiuuuuu, quel emploi du temps de ministre ! Du coup, papa et maman sont sans cesse en train d'organiser des rendez-vous, de se rendre à des réunions pour lui, et de mettre un tas de trucs bizarroïdes en place.

À la maison, des supports visuels décorent les murs, avec de petites images qu'ils appellent des pictogrammes. Il y en a pour l'aider à se préparer le matin avant l'école. On voit un petit bonhomme qui se réveille, s'habille, prend le petit déjeuner, se brosse les dents, enfile son manteau, ses chaussures, et part à l'école. Dès que Baptiste effectue une tâche, ils collent un smiley en face du petit bonhomme qui illustre ce qu'il doit faire… J'aimerais bien faire pareil moi. Personne ne me récompense pour tout ça, alors que je fais tout pareil et tout bien, sans aide.

Il y a un dessin de la maison, avec nos photos à placer dans les différentes pièces de la maison pour lui montrer qu'on peut tous s'occuper à des endroits différents. Ben oui, Baptiste il déteste se trouver tout seul, alors c'est une technique censée le rassurer. Je ne suis pas certain que ce soit utile, je pense qu'il s'en fiche. Moi j'aime bien coller les photos de tout le monde au fur et à mesure de la journée.

Il y a un emploi du temps de la semaine, pour qu'il puisse connaître le contenu des journées, entre l'école, les rendez-vous, et savoir quand papa et maman travaillent.

Je me souviens, quand il était tout petit, maman avait affiché une grosse main sur le réfrigérateur, avec le pouce pour le lundi, l'index pour le mardi, etc. jusqu'au vendredi. C'était censé le guider pour comprendre les jours de la semaine, car il semblait toujours perdu et en colère. Je ne sais pas si finalement il a compris, mais en tout cas, il a bien retenu les noms compliqués des doigts ! Il est fort mon petit frère, d'ailleurs, il compte plus vite que moi…

Maintenant, il y a des balles antistress dans chaque pièce de la maison. C'est une astuce pour qu'il évite de nous taper. À la moindre contrariété, on lui colle une balle entre les mains en espérant qu'il passe ses nerfs dessus au lieu de se décharger sur nous. Parfois, ça fonctionne bien, d'autres fois, il nous jette les balles au visage en grommelant tout fort plein de gros mots.

Papa et maman ont installé un matelas et des coussins dans le bureau : « Le coin passe tes nerfs ». Quand il déborde, ils l'incitent à s'y rendre pour taper les coussins, sauter, crier, hurler des tonnes d'injures. Mais comme d'habitude, Baptiste a accepté le lieu les premiers jours, maintenant il nous menace et dit « je m'en fous, j'irai pas ». Alors moi je vais jouer sur le matelas, je saute joyeusement sur les coussins, ce qui fâche les parents « non Benjamin, ce n'est pas une salle de jeux, c'est l'endroit pour les crises ». Du coup, j'en profite quand ils ne sont pas là, je vais me défouler dessus avec Baptiste, on invente des jeux rigolos, on joue à la « gymnastique ».

Avec l'éducatrice, on utilise un timeur. C'est très simple, on prévoit une activité limitée dans le temps, quand le timeur sonne, on doit s'arrêter. Moi j'aime bien. Baptiste ne semble pas toujours d'accord, mais ça l'aide à accepter la fin d'un jeu.

Depuis peu, on apprend à se taire quand il pète les plombs. C'est la consigne des professionnels. Silence ! Sinon, Baptiste se noie dans un flux d'informations et déborde encore plus. Alors maman obéit aux conseils de la psychologue, elle dit que c'est très important de mettre en pratique les solutions pour nous simplifier la vie. Ben dis donc, simplifier ? Mon œil ! Elle sort une feuille de papier et se met à dessiner la situation pour que Baptiste la visualise au lieu d'écouter nos mots. Moi je trouve ça super long ! En plus maman elle dessine super trop mal… Heureusement que je suis là pour relever le niveau… Apparemment, ça fonctionne. Baptiste regarde la feuille, et se calme. Et des fois, il rigole tout fort parce que c'est très mal dessiné, ou alors il se fâche encore plus parce que c'est hyper moche…

On a quand même une drôle de vie. Tout tourne autour de mon petit frère. J'aimerais bien qu'on m'accorde autant de soins et d'attention. Maman dit que plus tard je serai un monsieur très à l'écoute et sensible, que tout ce bazar du quotidien m'ouvrira des portes. Qui sait, peut-être que je pourrai aider les familles en difficulté plus tard… Pour l'instant, ça me gonfle. Alors des fois, nounou garde Baptiste chez elle, et papa et maman m'amènent au restaurant, au cinéma… La dernière fois, ils m'ont fait une surprise, on est parti rien que nous trois à Disneyland !

Touille
C'est quoi ?

Mais… Mais je rêve ! C'est qui celui-là ?

Snif snif…

Un chaxtraterrestre ?

Je n'ai jamais vu ça. C'est tout petit… Snif… Ça ne dit rien… Pas un miaou, rien !

C'est pas une queue ça ? Ho la honte ! Il en a une toute petite, on dirait un pompon ! Hihihi…

Et les oreilles ! Ha, avec des oreilles comme ça, il ne doit pas être sourd !

Et cette démarche ? Il saute ! Moi je vous le dis, il n'est pas fini ce truc-là…

J'espère qu'il ne va pas bouffer mes croquettes, sinon je me la jouerai comme Bulle faisait avec moi !

J'ai honte pour lui, il reste dans une espèce de boîte grillagée avec un biberon d'eau, et une sorte d'herbe séchée. Mais c'est qu'il la mange ! Il est cinglé celui-là ! Il mastique de l'herbe toute sèche avec ses immenses dents ! Il ferait mieux de la fumer…

Non seulement j'ignore ce que c'est que cet engin là tout poilu, mais en plus il attire l'attention de mes maîtres. Voilà qui me contrarie… Et vas-y que je le caresse par ci, et vas-y que je lui donne… mais c'est quoi ? Une carotte ? Il mange des carottes ? Crues ? Voilà autre chose…

Ce qui m'inquiète, c'est qu'il est là depuis plusieurs jours. Au début, j'ai cru qu'il était de passage, mais apparemment il va rester chez nous. Dans ma maison ! Avec ma famille ! Mes maîtres ! Va falloir cohabiter, pfff…

Tiens, pour la peine, je vais pisser sur le tapis, na !

Ça me chagrine de dire ça, mais Bulle me manque.

Blanche
Noyade

Je suffoque.

Je me lève le matin, les yeux lourds, la bouche pâteuse. Ma première pensée, « vivement ce soir que je retrouve mon lit ». J'ai envie de me noyer sous un tas de couverture, dans le noir. Je rêverais de dormir des jours entiers, d'échapper aux négociations qui ponctuent amèrement nos journées éreintantes.

Je me rends au travail, sans grandes ambitions. Pourtant j'aime mon travail. J'enseigne la technique vocale, ça me plaît d'accompagner des élèves dans leur progression. La voix me passionne. Mais là, je n'y trouve plus aucun plaisir. Je ressens un soulagement quand je quitte la maison pour retrouver ma petite salle de cours, mais je prie pour que mes élèves soient absents, je rêve de me retrouver seule et de ne pas avoir à donner, partager, conseiller. Alors je porte un masque, comme Baptiste à l'école. Souriante, bienveillante, je feinte, tenant le rôle de la professionnelle pleine d'énergie et d'envie. Je creuse au plus profond de moi pour jouer le jeu, mais à mesure que le temps s'écoule, je n'ai plus la force de paraître. Le profond sentiment de solitude continue à me ronger.

Me persuadant que tout finira par s'arranger, je m'évertue à me perfectionner dans ma profession, histoire « d'être ». Je me sens si nulle comme mère, que je prends enfin un temps pour moi, histoire de me sentir digne dans ma profession. J'ai donc suivi une formation professionnelle, j'ai passé un diplôme complexe, pour lequel je me suis noyée dans le travail. J'ai brillamment réussi ma mission. Cela m'a tenue en haleine, malgré mon épuisement. Le diplôme en poche, j'ai ressenti une telle fierté ! Mais le quotidien a repris le dessus. J'ai perdu mon ambition, la seule lueur qui me permettait de tenir.

Alors je me suis laissé submerger, tout en continuant de faire semblant, tout du moins en essayant. J'ai perdu le contrôle. Noyade infernale. Esclave de moi-même.

L'anesthésie est devenue mon réconfort. Ingérer un petit verre le soir, histoire de me détendre. Puis deux, puis trois… De plus en plus. Seule, en cachette, honteuse. M'évanouir enivrée, loin de ce cauchemar qu'est devenue ma vie.

Je me suis noyée, à petites gorgées. Dominée par le poison, incapable de remonter à la surface.

L'ivresse

Comme une fidèle amie
Elle s'est invitée
Elle lui a promis
De la faire rêver
L'a bercée d'illusions
Hantée de confusions

Dans le rôle de la fée
Penchée sur le berceau
Elle l'a rassurée
Sans prononcer un mot
D'une étrange compassion
Elle a donné le ton
À en perdre la raison

Doucement elle s'élance
Au rythme des cadences
Le corps tourbillonnant
La poitrine haletant
S'apaise sous les caresses
Que procure l'ivresse

D'une douceur indécente
Elle l'a menottée
Elle si innocente
S'est fait emprisonner
Ne sachant se défendre
Elle s'est laissé surprendre

Elle l'a cajolée
Dans une lutte éternelle
Un peu trop maternée
Au-delà du réel
Elle a gravé sa peau
À l'encre de ses maux
Grisé ses idéaux

Doucement elle s'élance
Au rythme des cadences
Le corps tourbillonnant
La poitrine haletant
S'apaise sous les caresses
Que procure l'ivresse…

Benjamin
Youpi !

Je suis content ! Un petit lapinou a rejoint notre famille ! Tout noir, avec des poils gris sous les pattes, on dirait qu'il porte des chaussettes. Il paraît qu'il est tout bébé, mais qu'en grandissant il attrapera une barbe grise comme le père Noël, en moins longue. Un monsieur très gentil nous l'a apporté. Avec Baptiste, on était tout excité ! On avait tout prévu : une jolie cage rose (c'est Baptiste qui a choisi la couleur), un petit biberon pour boire, des graines pour bébé lapin, et du foin.

Il est trop mignon ! Baptiste voulait l'appeler « Crétin », ce qui nous a beaucoup fait rire, « le lapin crétin » ! Moi j'ai proposé « Baloo », ce qui a plu à tout le monde. Papa aurait préféré « Swiffer », parce qu'il s'est caché sous un meuble et en est ressorti couvert de poussière…

Alors voilà, Baloo est parmi nous ! Il paraît que c'est un lapin de médiation. J'ai pas trop compris ce que ça signifie, mais en tout cas moi, je l'adore ! Il fait plein de léchouilles avec sa toute petite langue, il se laisse câliner, nous suit partout dans la maison. Il fait des bêtises, comme rogner les coins des murs, manger la tapisserie, mais il est tellement mignon qu'on lui pardonne.

Moi j'aurais préféré un gros toutou tout poilu ! Mais Baptiste a peur des chiens, et maman dit qu'elle déteste l'odeur et la bave. Alors tant pis. Quand je serai grand, je prendrai un chien.

Maman a l'air toute contente avec Baloo. Elle reste assise par terre à côté de lui pendant de longs moments, je suis ému de la voir si attendrie, on dirait une petite fille. Elle est tellement bizarre ces temps-ci. Tout le temps fatiguée, elle s'énerve pour tout, j'ai l'impression que je fais tout de travers et qu'elle m'en veut. J'essaie d'être sage, d'aider, et de veiller sur mon petit frère, même s'il crie tout le temps. Et si maman ne m'aimait plus ?

Emmanuelle
Elle n'est plus

Elle, auparavant si souriante.
Sensée.
Prévenante.
Raisonnée.
À l'écoute.
Une épouse aimante et attentionnée.
Une bonne mère, soucieuse du bien-être de ses petits.

Elle n'est plus.

Au fil des jours, des semaines, des mois, des cinq dernières années, je l'ai vu se consumer à petit feu. J'ai cru qu'après sa tentative de suicide, tout rentrerait dans l'ordre. Elle a continué le combat, feintant le bonheur. Petit à petit, les faux-semblants l'ont trahie. Elle a trouvé une béquille pour affronter le quotidien, une béquille pour ne plus ressentir, une béquille qui m'horripile, m'effraie, me fait envisager le pire.

Aujourd'hui, j'observe son allure, les bras ballants, les épaules affaissées vers l'avant, le pas lourd. Son visage a perdu de son éclat, ses yeux s'affaissent sur deux vagues s'écumant d'un dégradé de couleurs ternes, allant du noir au bleu, se creusant de plus en plus. C'est ça, sous ses yeux, deux fossés verdâtres. Elle camoufle. Un trait de noir, du mascara, de la poudre teintée, du rose à lèvres. Elle essaie de paraître vivante, mais je sens qu'elle se meurt au fil des jours.

Elle n'est plus.

J'ai peur. Les mensonges fusent, elle nie l'ivresse. Elle me persuade que tout va bien. Je veux la croire, je lui accorde ma confiance pour finalement réaliser son lâche comportement. Ses propos incohérents me glacent d'effroi. Son air faussement enjoué sonne comme une symphonie mal interprétée. Elle titube. Elle pleure.

J'ai peur et je lui en veux. Je la supplie de faire un effort pour ne pas succomber, ou de faire preuve d'honnêteté en cas de faux pas. Elle refuse d'avouer. Nos discussions s'achèvent par des larmes. Je me désole de la voir si malheureuse, si dépendante à l'anesthésie. Je remets en question notre vie future. Pourra-t-elle redevenir « elle » ? Saura-t-elle nous aimer sans se noyer à cause d'une bouteille ? D'ailleurs, nous aime-t-elle encore ? A-t-elle envie d'une vie de famille ? Regrette-t-elle la maternité ? Est-elle en mesure d'accepter l'autisme de notre petit ?

Elle n'est plus, et elle me manque. Ma femme me manque terriblement.

J'ai peur pour elle, j'ai peur pour nos enfants, j'ai peur pour nous.

Blanche
La vache

Je rumine.

Telle une vache, je n'ai de cesse de ruminer.

Je rumine, j'envenime,

Je rumine l'organisation familiale. Ça me réveille la nuit. Les heures passent péniblement, je ressasse la journée à venir, peinant à me rendormir. Ai-je bien prévu les horaires de gardes des enfants ? Ai-je signé les cahiers de Benjamin ? Payé la cantine ? Aurais-je le temps d'aller en courses ? Plier le linge ? Passer un coup de serpillière ? Trouverais-je la force de travailler ? Je dois assumer des concerts, mais qui pourra gérer les enfants à ce moment-là ? Pourrais-je suffisamment me préparer pour assumer la prestation ? À quel moment vais-je réviser mes chansons, travailler ma voix qui reflète de plus en plus ma fatigue ?

Dès l'aube, je rumine les menus du jour, m'évertuant à proposer des repas à peu près équilibrés et savoureux. Mais rien ne me rassasie, alors difficile de me coller à la tâche. Je plonge mon chagrin dans un verre, espérant que l'idée va me sauter à la figure comme par magie.

Je rumine à l'idée des futures périodes de vacances scolaires. Comment pourrai-je m'échapper de la maison ? Tout me semble une montagne. Je pars travailler pour fuir, je tente de gérer les objectifs professionnels, à contrecœur, lessivée, démotivée, puis je redoute de rentrer. Je n'ai pas envie de retrouver mon foyer. Je dois pourtant rentrer, alors je me console en me resservant une goutte dans le simple but d'anesthésier ma vie. Je rumine à décrypter nos emplois du temps, dans l'espoir de me trouver un créneau de repos.

Je rumine à ce que deviendra notre vie, prisonnière d'un quotidien invivable. Je veux oublier, ne plus penser, ne plus sentir. Je veux dormir des jours entiers. Je veux mettre mon cerveau qui turbine en mode « Off ».

Cela me rappelle amèrement le 1er mai 2017. J'ai peur. Peur de ce que je pourrais faire. Peur de perdre mon mari. Peur de ne pas réussir à m'en sortir. L'alcool a pris le dessus, je suis esclave du produit, incapable d'agir autrement.

Alors je rumine, telle une vache. Je rumine dans l'espoir d'oublier que je rumine.

Emmanuel
Hospitalisation

Nous avons pris le temps de nous retrouver, comme cela ne nous était pas arrivé depuis longtemps. Juste après le travail, une petite halte dans le bar du coin, en terrasse. Rien qu'elle et moi. Mon but était de la faire parler, de comprendre, de l'aider au mieux. Contre toute attente, Blanche s'est laissé aller. Les mots ont fusé, elle m'a craché sa douleur au visage. Derrière ses lunettes de soleil, des larmes, des torrents de larmes interminables. Comment peut-on en déverser autant ?

Un soulagement m'envahit néanmoins. Elle parle enfin ! Elle « démute ». Elle ose se confier à moi. Je panique au fil de ses mots, mais elle parle, ce que j'attendais depuis si longtemps. Elle m'exprime sa fatigue, ce manque d'énergie à appréhender le quotidien. La solitude la ronge, pourtant elle ne se sent plus capable d'aller de l'avant, vers les autres. Elle me dit qu'elle part travailler sans conviction ni envie, et qu'elle rentre à la maison l'estomac noué à l'idée de retrouver les enfants. Elle ne se sentirait plus capable de s'occuper ni de nous ni d'elle. Tout l'effraie, elle voit des drames partout, tout le temps. Elle me raconte que le bruit la met en colère noire, l'irrite à un point démesuré, surtout les bruits de bouche, mais elle cache sa fureur parce qu'elle a l'impression d'être folle. Alors elle contient tout, tout le temps, insiste-t-elle.

Les mots s'entrechoquent parsemés de sanglots profonds, des sanglots qui viennent de loin, des sanglots qui me déchirent le cœur.

Elle me partage ses interrogations, ses remises en question. Elle dit que Baptiste est devenu un miroir. Un petit miroir qui lui reflète sa propre enfance, sauf qu'elle n'a jamais confié son mal-être à qui que ce soit. Depuis toute petite, elle a observé le monde qui l'entoure et bien que mutique dans les situations sociales durant des années, elle a tenté d'imiter ses pairs pour paraître comme les autres. Et si elle était passée à côté d'un diagnostic ? Et si elle faisait partie de ces femmes Aspergers qui ont intelligemment feutré leur apparence à l'image des autres, histoire de sembler « normale » ?

Tout se mélange dans ces propos, entre Baptiste, son état dépressif, son alcoolisme et ses doutes quant à elle-même. Je bois ses paroles et accueille sa souffrance malgré toute mon impuissance à la consoler. Sanglots longs, sonores, irréalistes. Me voilà démuni face à mon épouse qui pleure généreusement.

Il faut pourtant rentrer à la maison. Blanche s'isole, refusant d'afficher aux enfants sa figure dévastée par les larmes. Je m'occupe des garçons, tandis qu'elle s'enferme dans notre salle de musique, à l'écart. Elle me propose de revenir quand elle sera calmée.

J'attends, tentant de rester serein avec Benjamin et Baptiste. Les douches, le dessin animé. J'attends. Je prépare le repas, les fais dîner. J'attends toujours. Que fait-elle ? Une terrible image me traverse l'esprit. ET si… non, elle n'a pas fait ça. Anxieux je file la retrouver, juste histoire de m'assurer qu'elle va bien. Allongée dans le canapé de notre salle de musique, elle pleure, encore. Je lui dis qu'il serait bien de venir embrasser les garçons avant qu'ils se couchent. Elle me répond se sentir incapable de se calmer. Alors je la laisse, submergé de colère, de tristesse, et d'impuissance. Je m'occupe de mettre Baptiste au lit. Quand je quitte sa chambre, Blanche réapparaît, les yeux rouges, les paupières bouffies. Benjamin, qui s'apprête à monter dans sa chambre, semble surpris par le visage de sa maman. Elle tente de lui sourire, le serre dans ses bras, et lui promet que ça va aller.

Enfin seuls, les enfants au lit, j'ose espérer renouer le dialogue avec ce qu'il reste de ma femme. Elle refuse de manger et file s'allonger dans notre lit. La jérémiade n'en finit plus. Les larmes reprennent de plus belle, elle ne parvient pas à s'arrêter. Lorsqu'elle essaie de répondre à mes questions, elle articule péniblement entre deux longs sanglots sonores une réponse à peine compréhensible. C'est violent, effrayant. C'est comme si elle me suppliait de l'achever. Je ne sais plus comment me comporter. Je voudrais la bercer comme un enfant, lui dire que ça va aller, mais rien n'y fait. Quels que soient mes propos ou mes gestes, les spasmes reprennent, les larmes s'affolent. Alors je lui fais part de mon inquiétude, j'ose lui confier que je ne sais plus quoi faire. Je lui demande de m'aiguiller. La serrer dans mes bras ? Me taire ? La laisser tranquille ? Appeler à l'aide ?

Elle me demande alors de la ramener à l'hôpital. On y est…

Voilà une sage décision, malgré son chagrin démesuré, elle reste suffisamment lucide pour accepter le soutien de professionnels. J'appelle mon beau-frère médecin afin de lui demander conseil. Il me dirige vers les urgences pour demander une prise en charge psychiatrique. C'est effrayant de se préparer à faire interner son épouse… J'explique à Blanche l'idée. Sans broncher, elle se lève et m'annonce sagement qu'elle va préparer sa valise. Elle sait que c'est la solution idéale. Le repos l'attend, loin du domicile, loin des soucis. Elle sait qu'elle a besoin de recul, de s'éloigner de nous et de la boisson.

En l'observant remplir ses bagages, je suis fier de son initiative. Je n'en reste pas moins terrifié. Parviendra-t-elle à remonter la pente ? À retrouver le plaisir d'être épouse et mère ? À retrouver la joie de vivre ?

Et moi, comment vais-je gérer son départ si précipité ? Je dois réorganiser mon emploi du temps, anticiper la gestion du quotidien, les activités de chacun, les repas, les rendez-vous médicaux. Surtout, je dois l'annoncer aux enfants. Ils se réveilleront demain, et ils constateront l'absence de leur maman. Pour combien de temps ? Je ne sais pas…

Elle n'est plus, mais je veux croire qu'elle sera à nouveau…

Benjamin
Entre hommes

C'était la fin des grandes vacances. Maman n'est pas rentrée du travail avec papa. Pourtant ils étaient partis ensemble aujourd'hui, dans la même voiture… Étrange… Papa nous a préparé le repas du soir, puis a couché Baptiste pendant que je regardais un dessin animé. Quand je me suis préparé à aller au lit, j'ai croisé maman dans la cuisine. Elle avait une tête affreuse, les yeux tout mouillés et tout gonflés. Elle m'a serré si fort que je n'arrivais plus à reprendre mon air. Elle m'a dit qu'elle m'aimait fort et m'a souhaité une bonne nuit.

Bonne nuit ? Comment pourrais-je m'endormir après avoir vu ma maman dans un tel état ? Je me suis engouffré sous la couette avec ma lampe de poche. J'ai bouquiné mes bandes dessinées préférées, et surtout j'ai tendu l'oreille. Je refusais de plonger au pays des rêves avant d'avoir entendu ce qu'il se racontait entre papa et maman, mais c'était flou, je n'y comprenais rien. Jusqu'à ce que je reconnaisse le bruit du moteur de la voiture de papa. Je me suis précipité à la fenêtre de ma chambre pour vérifier si c'était bien lui. Il faisait nuit dehors. Où pouvait-il bien aller à une heure si tardive ? Acheter des pizzas ? Je me suis dit que ça devait être ça parce qu'il n'avait pas encore mangé. Quoi que ? Et s'il se passait autre chose ? Genre un truc grave… Dans le doute, je me suis levé discrètement pour demander à maman où partait papa. Contre toute attente, je suis tombé nez à nez avec ma marraine. Ben tata, qu'est-ce que tu fais là ?

Alors ma tata m'a raconté que maman était très fatiguée et que papa l'amenait se reposer.

J'ai compris… Elle retourne à l'hôpital… Ma maman s'en va à nouveau.

Tata m'a rassuré, m'a fait un gros câlin et m'a envoyé me coucher. Je suis retourné dans mon lit, avec mon doudou. Je l'ai serré très fort, j'avais envie de pleurer, mais je n'y arrivais pas. J'ai fini par m'endormir.

Nous voilà donc entre hommes. Papa, Baptiste, Baloo et moi ! Ha, et pis Touille… Papa aimerait que je lui donne un coup de main pendant l'absence de maman. Faire un effort pour ranger mon bazar, tenter de ne pas provoquer Baptiste, mettre la table… Mais elle rentre quand maman ? Bientôt ?

Pas de réponse. Juste « on verra, elle est très fatiguée »…

Les jours passent sans maman, papa se comporte en super héros ! Il fait le ménage, la lessive, les courses. Il nous amène à l'école et veille à mes devoirs… Il fait tout ce que maman faisait avant son départ. Souvent, il téléphone à la famille pour donner des nouvelles, je l'entends s'exclamer « mais c'est incroyable, comment gérait-elle tout ça, avec son travail ? Pourquoi je ne voyais pas qu'elle était débordée par tout ça ? ». Il a raison mon papa. Maman, elle ne s'arrête jamais. Alors papa décide de se faire aider pour le quotidien sans ma maman. Ça tombe bien, parce que la cuisine et lui, ça fait deux ! C'est ma nounou et ma mamie qui préparent les menus. Nounou se charge même des courses, comme ça, papa, il a au moins ça en moins à prévoir. Souvent, il va voir maman à l'hôpital. Des fois Baptiste, ou moi, on l'accompagne. Jamais tous les deux en même temps, papa préfère qu'on ait chacun notre moment. Maman a des yeux rikikis et boudinés comme des saucisses. Mais elle a l'air d'apprécier le repos. J'aimerais qu'elle rentre, mais elle m'explique avec sa voix toute douce que c'est impossible, qu'elle a besoin de se soigner. Mais maman, elle n'est pas malade ? Elle est juste fatiguée, non ? Heureusement, Baptiste fait comme si de rien n'était ! Le matin, il s'habille tout seul, papa n'en revient pas et moi non plus ! D'habitude, c'est la guerre pour enfiler une culotte, il se tortille dans ses pantalons, et change au moins trois fois de paires de chaussettes ! Il déjeune même sans râler. C'est comme s'il voulait aider papa. Il ne réclame presque pas maman. Moi, j'ai souvent des coups de blues, elle me manque. Son odeur, sa tendresse, son timbre de voix qui fait tout chaud dans mon cœur… J'aimerais retrouver ma maman.

Ce qui est cool, c'est que papa nous emmène souvent au fast-food ! Maman en a horreur, alors entre hommes, on en profite, et papa dit que ça nous fait une sortie. La dernière fois, on est même allé au restaurant chinois avec papy et mamie, c'était trop cool ! J'ai adoré le buffet des desserts, avec plein de bonbons et une méga giga fontaine de chocolat, le rêve ! Baptiste a dévoré ! La prochaine fois, j'aimerais y aller avec maman.

Des fois, maman rentre pour le week-end, je déteste ça, parce que je sais qu'elle va repartir. Papa nous supplie d'être sages et de la laisser respirer. Mais moi, je veux profiter d'elle, sans la lâcher d'une semelle, de peur qu'elle parte sans me dire au revoir.

Quand papa a beaucoup de travail, on part chez mamie ou chez nounou. D'autres fois, c'est mamie qui vient chez nous. Je n'aime pas ça. Je suis inquiet quand c'est quelqu'un d'autre que nounou qui nous garde à la maison. Parce que chez nous Baptiste peut péter un plomb à n'importe quel moment, et moi je crains que personne ne sache gérer ses crises. Alors je veille au grain. Je sens une grosse boule dans ma gorge, j'anticipe tous les faits et gestes de mon petit frère.

Le soir, papa râle parce que je lis jusque très tard. Il me rabâche qu'il y a école demain, que je devrais me reposer pour être en forme. Moi je voudrais bien, mais quand j'éteins ma lampe, je ne trouve pas le sommeil. Je sens la boule de ma gorge grossir, j'ai mal au ventre. Je pense à maman. Et quand enfin je dors, je suis réveillé par des cauchemars.

J'aimerais que ma maman revienne, toute jolie, toute souriante, toute douce. Toute normale.

Baloo
Le petit nouveau

Je m'appelle Baloo.

Tout doux, tout noir, deux grandes oreilles, et des dents très efficaces ! Je suis amateur de câbles électriques, les plinthes en bois sont mon péché mignon, et j'adore dérouler le rouleau de papier toilette pour me délecter de quelques feuilles, ce qui fait beaucoup rire mes maîtres. Je vis un poil à l'étroit dans une petite cage rose. Heureusement, la porte est toujours ouverte, je peux me promener à mon gré dans la maison. Quand le soleil brille, on me laisse gambader dans le jardin. Je fais la course avec Touille qui ne semble pas beaucoup m'apprécier. Je grignote un peu de tout : brindilles, pissenlits, feuilles d'arbres… Et je creuse ! J'adore creuser, je me prépare un magnifique terrier.

Je suis minuscule. Blanche me surnomme souvent « mon petit bébé ». Elle passe des heures allongée au sol à me câliner ; au début, je n'étais pas très rassuré, j'osais à peine m'approcher. Je me suis habitué. Elle me donne à manger, me caresse, me parle tout bas, alors moi je lui rends l'appareil : je lèche ! Les mains, les joues, le cou, les bras, les pieds. Je lèche, je lèche et j'adore ça. Benjamin et Baptiste aussi ! Dès qu'ils m'aperçoivent, ils s'agenouillent à mes côtés pour les léchouilles. Même leur papa réclame mes léchouilles. Il pique un peu de la barbe, mais j'aime bien quand même lui montrer mon affection.

Ils sont tous très gentils avec moi. À part Touille qui me regarde de haut, parfois elle m'envoie un coup de patte et se carapate. Le petit dernier s'avère très particulier. Des fois, il m'ordonne de le lécher. Il m'arrive de faire la sieste, alors il se fâche et me hurle dessus « Baloo ! Lèche ! ». Je n'aime pas ça, je crains le bruit. Mais le monsieur qui m'a conduit dans cette maison a bien précisé que je suis un lapin de médiation. Alors je fais mon job. Je lèche, je lèche, je lèche.

Ces jours-ci, je sens comme un vide, je suis perdu. Blanche a disparu de la maison. Où est-elle passée ? Sa présence féminine me manque.

Nous cohabitons entre hommes, Touille ne fait que passer pour réclamer des croquettes, m'observant du coin de l'œil, hautaine. Elle semble vouloir me faire comprendre « t'as intérêt à t'écraser, ici c'est chez moi, c'est pas une queue de pompon qui va voler mon territoire ! »…

Benjamin a le cafard.
Emmanuel se met en colère quand je laisse traîner quelques crottes.
Baptiste ordonne les câlinous.

J'essaie de jouer mon rôle du bout de la langue. Léchouilles par-ci, léchouilles par-là, en avant la médiation pour cette famille en détresse.

Blanche
Dans une bulle

Je me suis laissé submerger par mes propres émotions. Mon corps m'a suppliée de tout stopper, m'infligeant de longs sanglots, incontrôlables, caricaturaux, déversant toute cette souffrance, cet acharnement, cette lutte à tenir debout. J'ai tenté de me raisonner, de me relever, et d'enfiler mon masque « tout va bien ». La funambule que je suis a perdu le fil. Ce fil si fin a tellement supporté qu'il s'est fragilisé pour finalement céder à l'instant inattendu. La funambule s'est écroulée de tout son poids, incapable de retrouver l'équilibre.

Le fil m'a sauvé la vie. S'il n'avait pas lâché, qu'aurais-je été capable de faire ? Récidiver dans l'overdose de médicaments ? Abandonner mon mari ? Mes enfants ?

Le fil a cassé, mon corps a abandonné la partie, et c'est tant mieux.

Emmanuel m'a soutenu. Il m'a conduit aux urgences où j'ai péniblement ressassé mon histoire à l'infirmière en psychiatrie. Je l'ai immédiatement reconnue, c'est elle qui m'avait accueillie le fameux 1er mai 2017… Compatissante, elle a pris soin de s'entretenir avec Emmanuel pour décider de m'hospitaliser à nouveau.

J'ai retrouvé le bâtiment de l'unité psychiatrique. Ma chambre, avec le petit lit, l'armoire, et le bureau. Les grandes fenêtres aux vitres sans tain, fermées à clé. La salle à manger pour les repas communs. Le bureau austère du psychiatre. Les menus sans saveur. L'emploi du temps aux horaires bien définis. L'odeur de collectivité, si particulière. Le personnel souriant, et les patients parfois étranges, voire tordus…

Cela dit, cette nouvelle arrivée dans les lieux, j'y songeais depuis plusieurs semaines, consciente de mon état dépressif. Je l'ai préparée dans ma tête, sachant que je risquais à nouveau d'être confrontée à des personnalités déroutantes. J'avais décidé de passer outre pour mieux profiter de ce temps de répit, devenu vital. Contre toute attente, je suis tombée sur des personnes dans le même état que moi, en plein burn-out ou dépression. Pas de troubles mentaux clichés, de cinglés qui harcèlent ou hurlent dans les couloirs comme la fois précédente…

J'ai rencontré un jeune homme adorable, tellement abîmé. Alcoolique depuis des années, les difficultés à se sevrer l'ont poussé à faire des tentatives de suicide, trois fois. J'ai écouté son histoire, sans jugement, émue.

Une jeune femme, prisonnière de l'alcool elle aussi, avait elle-même demandé l'hospitalisation. Son mari l'avait jeté dehors, lui interdisant de voir ses enfants. Une femme si gentille, élégante, intelligente.

Une dame âgée, tout juste retraitée, luttait tant bien que mal pour retrouver goût à la vie. Les journées lui semblaient interminables, elle craignait de ne jamais parvenir à s'en sortir.

Une autre, la cinquantaine, la peau sur les os, gardait le silence, comme si le simple son de sa voix trahirait son lourd secret. Pas un mot, le regard fuyant, les bras lourds, le pas lent. Je m'asseyais à ses côtés, respectant son mutisme. Au travers de ses yeux, je pouvais deviner sa gratitude de m'installer auprès d'elle. Elle savait que je ne la jugeais pas, que ma simple présence témoignait mon soutien, ma compassion.

Bref, des personnes malheureuses, comme moi, effrayées de ne pas retrouver la sérénité, la joie, l'envie de vivre.

Certains patients s'avéraient quand même atteints de lourds troubles mentaux, ce qui avait tendance à surprendre les personnes qui me rendaient visite. Je ne sais pas si le fait d'être confrontée à l'autisme a fait évoluer mon propre jugement, mais de mon côté, les particularités de ces malades ne me surprenaient pas. J'y attachais peu d'importance, je respectais leurs lubies du jour et leurs phobies.

J'ai souffert de me faire rejeter par une résidente. Au début, je ne comprenais pas pourquoi cette femme à la frêle silhouette faisait semblant de ne pas m'entendre. Quand nous nous retrouvions tous autour de la table du jardin, elle s'arrangeait pour s'asseoir loin de moi. Dès que je parlais, elle tournait la tête. Parfois, elle soupirait, et s'en allait l'air énervé. Je ne saisissais pas son attitude à mon égard, j'avais l'impression d'avoir mal agi et d'être honteusement chassée. L'un des résidents m'a expliqué la situation. J'étais le portrait craché de la maîtresse de son mari, du coup elle ne pouvait pas me regarder en face, je ravivais trop de douleur. J'ai pris sur moi, que pouvais-je faire d'autre ?

Je suis restée presque quatre semaines là-bas. Vaseuse, assommée par un lourd traitement. À mon arrivée, j'ai mentionné que je refusais d'être traitée par des médicaments, traumatisée par ma tentative de suicide. L'équipe médicale ne m'a pourtant pas laissé le choix. Le psychiatre m'a expliqué qu'il fallait que « je lâche », que « j'oublie ». Alors il m'a prescrit une bonne dose d'anxiolytiques et d'antidépresseurs. Finalement, j'ai savouré l'effet anesthésiant. J'ai dormi, énormément, j'ai cessé de réfléchir, de m'autoflageller, de penser aux enfants. J'ai suivi le train-train quotidien de l'hôpital, machinalement, impatiente d'avaler le somnifère du soir pour dormir, encore et encore…

D'un commun accord avec l'hôpital, j'ai accepté d'être transférée en maison de repos pour une durée indéterminée. Le calme. Le repos. Les traitements, les somnifères. Encore… Du sport, beaucoup de sport. Je me suis vidé la tête. J'ai commencé à retrouver un peu de lucidité et à ne plus penser à l'alcool. J'ai profité de mon temps libre pour écrire. J'ai pondu mon premier livre « les couleurs du vide », témoignage de ma vie face à mes difficultés alimentaires et de socialisation. Et comme par miracle, je me suis rencontrée, comme pour la première fois. J'ai enfin découvert qui je suis : durant mon séjour, j'ai été diagnostiquée Asperger, comme mon fils. Une nouvelle importante qui m'a permis de mettre en lumière toute ma vie, mon vécu, mes embûches, et ce rapport si particulier avec Baptiste. Je me souviendrai toujours de ce dessin, tracé fébrilement par sa petite main. Il avait griffonné un grand bonhomme sans cheveux, son papa, un petit garçon souriant, son frère, un tout petit avec les cheveux en pétard, lui, et une petite bonne femme aux longs cheveux, entourée d'un cercle. « Ça c'est maman ». Je lui ai demandé pourquoi il avait tracé ce rond. « Parce que maman, elle est toujours dans sa bulle », m'a-t-il aussitôt répondu. Il savait, comme je savais pour lui. D'où notre lien fusionnel, ce lien qui me semblait si étrange. Maintenant, ça prend tout son sens. L'écriture est devenue thérapeutique, salvatrice. Une bouffée d'air !

J'ai repris contact avec mon corps, j'ai remis de l'ordre de ma tête. Mon mari formidable m'a offert ce temps de repos en assumant son travail et les enfants, en acceptant mon diagnostic devenu une évidence à ses yeux.

Deux mois plus tard, je suis rentrée à la maison, terrifiée à l'idée d'affronter le quotidien, à l'idée de sombrer à nouveau. Je suis restée quelques semaines en arrêt de travail, puis j'ai repris à mi-temps pour éviter de me surcharger. Petit à petit, je me suis réapproprié mon rôle de mère. J'ai réalisé à quel point j'aimais ma famille, ce dont je doutais le plus avant l'hospitalisation, sentiment atroce pour une maman qui terrassait de honte et de culpabilité. J'ai pu exposer aux enfants mes particularités, ce qui a rempli Baptiste de joie. « T'es comme moi ! » s'est-il exclamé, du sourire dans la voix. J'ai choisi d'assumer ma vie, mes erreurs, mes peurs, mes qualités. Je me suis promis d'apprendre à exprimer mon ressenti, d'oser dire « stop je ne peux plus ». J'ai redécouvert mon mari, bien plus présent à la maison, que ce soit dans les tâches du quotidien que dans l'éducation des enfants.

Le fil a peut-être cédé, mais il a laissé la place à une corde bien plus solide et rassurante, une lueur d'espoir pour l'avenir de notre famille.

Emmanuel
Des progrès et pourtant…

J'ai retrouvé ma femme.

Elle sourit, projette son avenir, s'occupe tendrement des enfants. Moi, j'ai beaucoup de mal à me sentir serein, tétanisé à l'idée de ne pas suffisamment l'aider et de la perdre à nouveau. Je suis ravi de la redécouvrir pleine d'envie et d'amour, mais je mesure à quel point elle est fragile. J'ai pris conscience que je dois aménager mon temps de travail pour gagner en présence à la maison. Le diagnostic de Blanche me permet de comprendre son fonctionnement, notamment tout ce qu'elle a camouflé pendant toutes ces années. À présent, elle verbalise ses angoisses, et m'exprime quand elle doit s'isoler pour recharger ses batteries.

Nous quatre, c'est devenu ma priorité.

Dans quelques jours, Baptiste fêtera ses six ans. Je craignais qu'en grandissant il ne gagne pas en autonomie, mais il a énormément progressé ! Nous sommes très fiers de lui. Si je me souviens bien, il n'y a pas si longtemps que ça, nous devions lui donner à manger à la petite cuillère, comme à un bébé, tout en bataillant et en rusant pour qu'il s'alimente suffisamment… Maintenant, il se débrouille avec sa fourchette. Toujours des pâtes, rien que des pâtes, saupoudrées d'une montagne de curry, de sel et de parmesan. Nous parvenons quelques fois à manger tous les quatre en famille, bien qu'il monopolise notre attention. Blanche et moi adorerions bavarder de tout et de rien, mais il ne nous laisse pas de place.

Il n'y a pas si longtemps que ça, il refusait de se laver. Soucieux de maintenir un minimum d'hygiène, nous parvenions à lui imposer un bain par semaine, dans les cris et une atmosphère conflictuelle. À présent, il se lave presque tous les jours, même si nous devons argumenter un certain temps pour le motiver. Parfois même, il nous surprend à se débrouiller tout seul. Hier encore, alors que je m'apprêtais à me doucher, il a dit « attend papa, je vais me doucher aussi pendant que tu te rases » ! Il s'est déshabillé tout seul, a ouvert le robinet d'eau, s'est mouillé tout le corps et les cheveux (miracle… il refuse toujours de se mouiller la tête…) Il a pris plaisir à se savonner et à se shampouiner… J'étais très étonné et si fier de lui !

Donc oui, Baptiste progresse.

Pour autant, le quotidien demeure éreintant. Il nous menace, verbalement et physiquement. Il refuse les consignes. Il ne tolère ni frustration ni contrariété. Cris, insultes et coups rythment nos journées.

Ce matin, comme tous les matins, il a fallu le réveiller pour l'école. Déjà ça, c'est très compliqué, il n'a pas envie et refuse de se lever. Alors Blanche ou moi négocions avec lui : « tu te lèves et on descend tous les deux à la cuisine, où tu prends le temps que tu veux et tu me rejoins après ». Résultat : il veut que je reste avec lui, mais il ne se lève pas pour autant… J'en mets en place des ruses des jeux pour l'inciter à me suivre !

Arrivé à la salle à manger, il ne sait pas quoi petit déjeuner. Alors nous lui proposons les deux choses qu'il préfère afin de l'aider à se décider. Cela prend un temps fou. Difficile de faire abstraction des « putain » et des « ta gueule » qui ponctuent sa réflexion.

Le petit déjeuner enfin servi, il n'avale rien. Il ronchonne. Nous lui expliquons qu'il doit encore s'habiller avant le départ pour l'école. En résulte un refus qu'il manifeste par de forts hurlements et des insultes… Encore… Il s'exclame dans un torrent de larmes qu'il veut jouer avant de partir. Nous rusons encore, négocions, afin de trouver des astuces pour qu'il s'habille. Même si nous sommes déjà en retard, nous lui accordons les cinq minutes de jeux avant l'école, à la condition qu'il s'habille.

Les vêtements, nous les préparons avec lui, la veille au soir, car trouver la tenue qui lui convient s'avère très complexe, entre les T-shirts qui démangent, les pantalons qui ne collent pas assez à la peau, les coutures qui dépassent… Déjà, il faut ôter le pyjama. Il s'arrête, capte son attention sur autre chose, comme un jouet, ou un dessin sur le mur. Nous tentons de le canaliser pour le ramener à ses habits. « Dépêche-toi Baptiste si tu veux avoir le temps de jouer ». Sa réaction ne nous surprend guerre et allonge le timing habillage.

Cris, insultes…

Enfin vêtu, il se dandine comme une anguille. Ça ne va pas, le pantalon gêne, la culotte n'est pas suffisamment serrée, les chaussettes grattouillent les orteils, où que sais-je encore.

Alors il faut changer de tenue. Nous tentons de le garder concentré, et l'assistons pour ôter et enfiler les vêtements, sinon c'est beaucoup trop long.

Ça gêne, ça gratte…

Recommencer.

Le déshabiller.

L'habiller.

Recommencer.

Vider l'armoire, essayer tous les pantalons. Il n'en supporte aucun. Nous tentons de garder notre calme. Nous lui expliquons que quoi qu'il porte, aujourd'hui les habits n'iront pas, il est en surcharge sensorielle. Nous le divertissons tant bien que mal dans l'espoir de le faire penser à autre chose.

Il est l'heure, il faut partir.

Mais il rejoue la carte des cris, des insultes, de la violence physique. « J'ai pas eu le temps de jouer ! » vocifère-t-il. Nous cédons à un petit jeu, rapide. Après tout, nous lui avions promis en échange de s'habiller…

Ensuite, nous nous rendons dans l'entrée. Il marche à reculons, décidé à lutter. Nous lui endossons de force son manteau, son tour de cou et son bonnet. Nous lui enfilons une première basket, sinon il s'y refuse. Il gesticule, gémit, balance la chaussure. Ça le gêne, nous beugle-t-il. Il faut remonter les chaussettes, le plus haut possible, remettre la chaussure. Rebelote. Démunis, nous lui demandons de le faire tout seul, parce que nous ne parvenons pas à l'aider. Il enfile brutalement les chaussures et se met à serrer les scratchs, le plus fort possible. J'ignore comment peut-il tolérer autant de pression, comment son pied peut-il garder un minimum de mobilité…

Nous quittons enfin la maison, bien en retard. Devant les portes closes de l'école, nous appuyons sur la sonnette. Quand son AESH vient nous ouvrir, nous devons négocier la séparation.

Ça y est, notre fils est à l'école.

Je me précipite à la voiture, direction le travail.

Trente minutes de retard.

J'ai l'impression d'être vidé de mon énergie, de porter un énorme poids sur les épaules.

J'arrive au bureau, pressé et épuisé. Je salue mes collègues en m'excusant du retard. Et merde, j'ai oublié mon sac, avec mon ordinateur et les documents urgents à traiter…

Et c'est comme ça, tous les matins…

Blanche
Et demain ?

Baptiste a fait sa troisième rentrée, en grande section de maternelle. À présent, il est scolarisé comme les autres enfants, hormis les deux demi-journées où il se rend à l'hôpital de jour. Il a dû gérer ce début d'année scolaire malgré mon hospitalisation. Il se trouve dans une classe à double niveaux : grandes Sections et CP. L'équipe du Sessad autisme qui nous soutient depuis le mois de septembre, l'accompagne régulièrement à l'école pour l'observer, conseiller l'AESH et la maîtresse. Ils les sensibilisent aux particularités de Baptiste, bien souvent difficiles à décrypter. Ils ont constaté qu'il s'ennuie énormément à l'école.

Au mois de janvier, la maîtresse nous a convoqués. J'ai pensé « Mon dieu qu'est-ce qu'il va encore nous tomber dessus »… Eh bien non. Elle nous a réunis, car elle a découvert que Baptiste savait déjà lire. Je ne suis absolument pas surprise par la nouvelle… Baptiste s'amuse à lire tout et n'importe quoi, que ce soit sur les paquets de gâteaux, les briques de jus de fruits, les enseignes de magasins… Jusque-là, elle ignorait qu'il s'ennuyait en classe. Nous ne pouvons pas lui en tenir rigueur, Baptiste masque tellement bien ses émotions en dehors de la maison. Il prend sur lui, se gorge comme une éponge, et de retour au domicile, doux cocon rassurant, il essore violemment, décharge le trop plein… Intriguée, l'institutrice lui a fait passer les évaluations trimestrielles des CP, histoire de se faire une idée sur ses facultés.

Nous voilà, Emmanuel, la maîtresse et moi, autour d'une minuscule table d'écolier, à feuilleter ce petit dossier d'évaluations. Nous découvrons alors la petite écriture maladroite de Baptiste, les chiffres tracés grossièrement, les lettres disproportionnées aux contours irréguliers et les coloriages qui débordent largement. Mais les réponses, du français aux mathématiques, s'avèrent justes. Les consignes lui ont été dictées grâce à l'aide précieuse de l'AESH. Rien ne semble lui poser de difficultés, si ce n'est la motricité fine. La maîtresse a compris qu'il fallait passer outre, l'ergothérapeute gère cette partie, il serait dommage de le freiner dans ses apprentissages à cause d'un manque de tonicité dans le maintien d'un crayon…

En plein milieu d'année scolaire, la maîtresse nous propose un passage anticipé en classe de CP. Comme nous subissons chaque matin les jérémiades de Baptiste qui refuse de se rendre à l'école à cause de l'ennui, comme nous observons à quel point il aime la lecture et les chiffres, nous songeons à tenter l'expérience. De plus, il a eu l'occasion de passer un test de quotient intellectuel l'an dernier, qui est de 142. Hier encore il s'amusait à taper de longs numéros sur une calculatrice, allant des centaines aux millions, puis me les lisait spontanément, sans erreur ! Alors oui, essayons le CP, sans lui mettre la pression. Nous verrons bien si cela lui convient mieux que la maternelle, et envisagerons de revenir en arrière si ça ne fonctionne pas.

À l'aube de son sixième anniversaire, notre fils, autiste asperger, s'apprête à passer une classe. Nous ne pouvons qu'être fiers de lui, de tous ses progrès depuis notre tout premier rendez-vous avec la psychologue, Estelle. J'aime l'entendre me parler de son avenir. Il a tout prévu : sa petite voiture à la marque et au coloris bien définis, sa future maison dans notre petit village, son épouse et ses enfants, son métier… Il a imaginé sa vie d'adulte, semble pressé d'en arriver là. Voilà qui nous rassure, nous constatons à quel point il a envie de faire partie de la société malgré son autisme ! Parfois, quand il est épuisé après une crise, il pleure et me confie qu'il aurait préféré ne pas être autiste, il gémit que c'est trop difficile à gérer. Imaginez un petit garçon de cinq ans, qui porte un tel regard sur lui-même… Lui si petit, dans mes bras, les joues toutes rondes, les doigts encore potelés. Mon petit bébé, qui m'effraie si souvent par la violence qui émane de son minuscule corps, mon petit bébé qui commente de lui-même sa particularité et la difficulté à appréhender ses émotions…

Oui, j'aurai toujours peur de « demain ». Comment saura-t-il s'intégrer socialement malgré ses débordements émotionnels ? Parviendra-t-il à réaliser ses rêves ? Acceptera-t-il les embûches de la vie, les échecs qui pour lui s'avèrent inacceptables ?

Et demain, qu'en sera-t-il ?
Demain, nous verrons bien.

Baptiste
Ma bulle à moi

Je m'appelle Baptiste. Dans huit jours, j'aurai six ans. Je suis très content de devenir un grand. En plus, depuis quelques jours je vais à l'école primaire, j'adore ça ! Avant, je m'ennuyais en classe. On faisait des activités de bébé, alors que moi je sais lire, et je sais compter. Les autres élèves de maternelle m'énervaient avec leurs attitudes de gros bébés. Il y en a qui parlent n'importe comment, d'autres qui bavent, ou qui ont de la morve au bout du nez, c'est écœurant. Il y en a qui se jettent sur moi dans la cour, pour jouer, mais moi je me sens agressé quand ils font ça, je déteste qu'on me surprenne. Je ne supporte pas les cris des enfants pendant la récréation, je déteste le brouhaha autour de moi. Mais maintenant, je suis en CP, ça me plaît beaucoup, et je ne suis plus obligé de rester en récréation. C'est mon éducatrice qui a expliqué à ma maîtresse que j'avais besoin d'une pause sensorielle. Alors je vais faire le café avec mon AESH et je m'isole au calme dans la classe. Ce que j'apprécie le plus, c'est de ramener des devoirs à la maison, comme mon grand frère ! Je retiens super vite les poésies et j'épelle les mots sans faute.

À l'école j'ai deux copines. Julia et Christina. Elles sont gentilles avec moi. Elles ne me sautent jamais dessus, elles n'aiment pas qu'on les embête, comme moi. J'aime bien jouer avec elles.

Parfois le soir, je refuse d'aller me coucher. J'ai peur. Pas du noir ou d'un monstre sous mon lit, ça, c'est débile. Moi, j'ai peur de perdre ma maman. Je crains de me réveiller un matin et que papa m'annonce qu'elle est partie à l'hôpital, encore. Alors souvent, je fais tout ce qu'il me passe par la tête pour reculer l'heure d'aller au lit : réclamer une, deux, trois, quatre histoires, exiger un deuxième câlin dans le lit, border plusieurs fois le lit correctement, réclamer un verre d'eau... Maman commence à se fâcher, elle fait son regard sévère qui m'inquiète. Je la supplie « je veux que tu restes, dors avec moi ». Elle ne veut pas. Elle me répond qu'elle dort dans la pièce à côté avec son amoureux, papa, ça m'énerve. Je voudrais bien être l'amoureux de maman. Je fais exprès de déborder les draps pour qu'elle revienne encore, mais elle hausse le ton. Alors je cherche autre chose pour qu'elle reste à côté de moi. Papa m'a dit que si je continuais à embêter maman le soir, ce serait lui qui me mettrait au lit, parce que c'est trop dur pour maman de subir mes crises. Papa aussi, il a peur que maman retourne à l'hôpital.

D'autres fois, j'ai peur de m'endormir, à cause de mon nez. Il se bouche. J'ai beau me moucher, c'est tout coincé ! Alors je me mets dans tous mes états, je frappe mes jambes dans le lit, je crie tout fort. Maman et papa me parlent, mais je n'entends plus rien, je hurle, je pleure, je veux que mon nez se débouche, je veux pouvoir respirer ! Et si mon nez se bouchait pendant la nuit, comment pourrais-je respirer ? J'ai peur de mourir la nuit ! Maman m'a fait un dessin pour m'expliquer que si mes narines ne peuvent pas laisser l'air circuler, ma bouche prendra le relais. Elle m'a aussi montré l'épiglotte qui se rabat quand on déglutit. J'aime bien quand on regarde son livre du travail, celui sur la voix. Je répète les mots compliqués et rigolos, j'aime bien mémoriser les noms des cartilages du larynx : cricoïde, thyroïde, aryténoïdes, et l'os hyoïde ! Maman a l'air si fière de mon intérêt pour ce qui la passionne...

Quand maman me dessine les choses, je comprends. Mais c'est comme ça, j'ai peur de mourir dans mon sommeil. J'ai peur que maman meure. Tout le monde peut mourir, non ? Bulle est morte, elle est partie un matin chez le vétérinaire, elle n'est jamais revenue ! Elle me manque tout fort. Maman a accroché sa photo dans ma chambre pour que je puisse la voir tous les jours. Elle est belle. Il n'y a pas longtemps, l'amoureuse de Benjamin est morte à cause d'un cancer et juste après mon papy est mort, il était trop vieux. Tout le monde peut mourir alors ?

J'adore jouer aux jeux de société. Je suis le meilleur ! Je veux gagner ! Papa me gronde fort quand je perds parce que je hurle, je dis plein de gros mots, je jette de toutes mes forces les cartes, les dés, les pions, c'est plus fort que moi. Papa a beau me raisonner, je n'entends plus rien, je bous de rage, de déception, je veux gagner !

Quand je serai grand, je serai un papa. Je me marierai avec Christina. Elle est belle, elle a de longs cheveux. Moi j'aime les longs cheveux, comme ceux de maman. J'achèterai une Fiat mini. J'ai demandé à maman si ça existait les voitures roses. Je veux conduire une toute petite Fiat rose. Je serai chocolatier. Célèbre, un grand chocolatier, mais dans le village où on habite. Maman dit que tous les gens viendront exprès dans notre village pour acheter mes chocolats.

Je n'aime pas jouer tout seul. Mais des fois, maman fait le ménage, alors je monte dans ma chambre pour m'occuper de mes poupées. J'ai plein de poupées, ce sont mes filles. J'aime bien les dorloter, comme un papa. Mais c'est pénible de les habiller, je n'y arrive pas toujours, alors je tape du pied sur le parquet si fort que maman me rejoint. Elle me dit que ça sert à rien de m'énerver, mais je n'arrive pas à me comporter autrement.

J'adore le rose, c'est ma couleur préférée. Papa et maman ont mis du parquet neuf dans ma chambre. Gris clair. J'aurais préféré un parquet rose avec des paillettes. Ils ont dit que ça n'existe pas. C'est nul, moi je voudrais des paillettes, que ça brille, que ça en jette ! Mais c'est cool, parce qu'ils en ont mis partout du parquet, même sous le lit ! Ouah, j'étais content ! Je peux faire rouler mes voitures à fond les ballons !

Je suis un fan de Mario Kart ! Je roule, roule, roule, tout vite ! J'adore les personnages et leurs véhicules. Je pourrais en parler pendant des heures, mais papa et maman me disent que ça ne doit pas devenir envahissant. Ils sont chiants. J'aimerais bien qu'ils me laissent en parler tout le temps.

Benjamin, il m'énerve quand il fait ses yeux tristes. Je déteste quand il me regarde comme ça ! Ça m'inquiète, alors je l'engueule. Je dis plein de gros mots et je crie. Mais je l'adore mon grand frère. Il est gentil avec moi. Quand il m'agace, je l'appelle gros cul. Papa et maman me grondent et je ne comprends pas pourquoi.

J'adore la piscine ! Avec papa, maman et Benjamin, on a décidé d'y aller le dimanche. Je me mets dans une colère noire quand ce n'est pas possible. Avec l'école, on y va aussi ! La première fois, mon éducatrice est venue avec moi pour montrer à l'AESH comment m'aider. C'est cool, je ne m'habille pas avec les autres, je vais faire pipi avant eux, comme ça je ne subis pas le brouhaha. J'ai le droit de prendre ma serviette pour me réchauffer alors que les autres doivent la garder au vestiaire. Ils me dévisagent, me demandent pourquoi j'ai le droit d'avoir ma serviette. Je n'aime pas qu'on me dévisage, ça me donne l'impression d'être différent. C'est toujours la même chose, quand je porte mon casque antibruit, tous les enfants me demandent ce que c'est, ils veulent tous l'essayer et ça me fait bouillir de rage ! Je refuse de le porter à cause d'eux. Mais les adultes m'obligent, ils disent que sinon je vais déborder et être très dur à la maison.

J'ai un appareil photo. C'est celui de papa, il me l'a donné. C'est génial, je m'amuse à filmer avec ! Comme Benjamin ! Lui, il a celui de papy. Il invente des émissions de U-tuber, alors je l'imite. Je filme tout, plein de trucs. Quand je m'habille, quand je m'occupe de mes filles, quand je joue aux voitures, et le plus rigolo, je le laisse tourner quand je vais faire caca. Maman dit que je suis un coquin et que ce n'est pas ce qu'il y a de plus intéressant…

Papa aussi fait des vidéos, avec son téléphone. Les siennes ne sont pas drôles du tout. Quand je pète un plomb, il me filme. Il dit qu'il veut montrer à l'éducatrice et à la psychologue comment je me comporte en vrai ! Il a raison, je suis différent quand elles m'observent… Je ne veux pas qu'elles assistent à mes crises. Papa et maman disent que c'est important de montrer pour qu'elles puissent nous aider. Moi, je refuse de voir ces vidéos.

Maintenant que je suis un grand de CP, j'ai décidé de me comporter comme un grand. Déjà, je me réveille et je m'habille ! Tout seul ! Sans papa ni maman ! Ho comme ils me félicitent ! Je mets la table, j'aime bien préparer le petit déjeuner. Benjamin m'aide. Je débarrasse mon pot de yaourt du dessert, je mets ma cuillère sale au lave-vaisselle. Le soir, je me brosse les dents, sans râler. Ça surprend maman, elle dit qu'elle n'en revient pas. Je crois qu'elle est très fière de moi… Enfin tout ça, c'est pendant les vacances, parce que quand il y a école, je suis trop fatigué et angoissé. J'ai besoin que maman fasse avec moi, et comme je redoute l'imprévu, je fais plein de colères. Au début quand je partais en crise, papa et maman criaient plus fort que moi pour que j'arrête, mais l'éducatrice leur a appris que plus ils haussent le ton, plus je hurle. Aussi, ça ne sert à rien de tenter de m'expliquer quoique ce soit, au risque de me noyer dans un « flux d'informations ». Parce que quand je déborde, je n'entends plus rien et tout me fait peur. Alors maintenant ils se taisent et se contentent de pointer du doigt les choses. Souvent, maman m'attrape et me serre fort, sans parler. Ça me fait du bien, ça m'aide à me détendre. Après je me sens capable d'écouter.

Je suis très très content, parce que je vais fêter ma dernière journée à l'hôpital de jour ! Maintenant que je suis en primaire, mes parents ont décidé d'alléger mon emploi du temps. Alors ça y est ! Je vais faire comme les autres enfants de la classe ! J'irai tous les jours à l'école ! Je n'aurai plus à supporter les enfants de l'hôpital ! Certains m'effraient ! Ils ne savent pas parler, ils crient beaucoup ! En plus à l'hôpital de jour, ils me font goûter de la nourriture. Beurk, beurk, beurk.

Je n'apprécie pas la nourriture. À part les pâtes. Avec du sel. Beaucoup. Du curry. Et du parmesan ! Maman négocie pour la soupe. Beurk. Je me rabats de temps en temps sur les pots de bébé. Pour avoir des vitamines, des fibres, pour faire de beaux cacas. Maintenant, j'aime bien les fruits, alors maman elle m'embête moins avec les légumes.

Je suis très pointilleux sur les horaires. L'heure c'est l'heure ! À seize heures, je goûte, pas avant ni après. Parfois, j'ai faim vers quinze heures. Ça me fait paniquer, je dois patienter une heure ! C'est très long. Alors j'engueule maman, parce que j'ai faim. Elle me dit qu'on peut avancer l'heure du goûter. Mais ça, ce n'est pas possible. On goûte à seize heures, un point c'est tout.

J'aime bien ma nounou. Elle est toujours gentille avec moi. Mais des fois, je lui dis qu'elle est moche et méchante. C'est quand elle m'empêche de la taper. Nounou, je me sens bien avec elle, alors je me permets d'être moi, et souvent je craque comme avec papa et maman. Ce qui m'agace, c'est quand elle en discute avec papa et maman. Je n'aime pas qu'on parle de moi.

Maman m'a raconté que tout petit déjà, je fuyais les gens. Surtout durant les moments conviviaux, comme les grandes réunions de famille. Elle m'a confié que je restais collé dans ses bras, je refusais de regarder les autres, je camouflais ma tête contre sa poitrine. Quand elle avait le malheur de me poser, je la suivais en pleurnichant. Je voulais rester dans ses bras, et surtout qu'elle reste debout, d'où sa drôle de façon de me surnommer son bébé panda. Bébé panda, parce que je m'accroche à elle et ne redescends que pour aller aux toilettes.

À présent, Papa et maman ont saisi l'effort que m'imposent ces moments familiaux, ils ont choisi de ne plus me forcer. Je suis soulagé. Déjà, je ne comprends pas pourquoi ils boivent l'apéro debout. Pour moi, ce n'est pas possible. Je veux une chaise et m'asseoir à table pour grignoter des chips et un jus de fruits. Eux ils restent debout, un verre à la main et se passent les plats de petits fours. Ce serait tellement plus simple de le faire assis… Et tout ce monde ! Ça déambule dans tous les sens, les bruits de couverts s'entrechoquent, les bavardages montent en puissance, sans parler des éclats de rire… Ça me fait tourner la tête. En plus, les cousins courent entre les jambes des adultes, ils chahutent bruyamment et certains sont toujours après moi, c'en est trop ! Même avec mon casque antibruit, j'ai envie de hurler « STOP ». Je crois que maman non plus elle n'aime pas ça. Alors on coupe la poire en deux. Pas le fruit hein ! (Au début, je n'ai pas compris ce qu'était cette histoire de poire. La première fois que papa a dit « on va couper la poire en deux », je suis allé chercher une poire dans la corbeille à fruit. Tout le monde a ri. Maintenant, j'ai compris, c'est une « expression », maman m'explique toujours les phrases bizarres parce que je les prends au premier degré). Donc, soit papa reste avec moi à la maison pendant que Benjamin et maman se rendent à la fête, soit c'est l'inverse. La famille a eu du mal à comprendre et accepter, mais on leur a bien spécifié mes particularités.

Ma petite maman, elle est comme moi, autiste Asperger. Avant, elle ignorait ses particularités. Elle dit qu'elle l'a appris grâce à moi, que depuis ma naissance, j'ai été un miroir pour elle. Je suis content, on est pareil.

Mais moi, j'aimerais ne pas être autiste, parce que c'est fatigant, ce n'est pas rigolo. Le bruit me fait mal dans tout mon corps, ma peau me fait souvent souffrir à cause des habits. Je ne sais jamais comment me comporter avec les autres. Je panique quand mon frère ne respecte pas les règles. Je suis souvent triste à cause de mes crises. Je frappe, je hurle, je dis de vilains mots. J'ai cassé beaucoup de choses dans la maison. Papa dit que bientôt, on n'aura plus de porte. C'est de ma faute. C'est plus fort que moi, je n'arrive pas à me contrôler. Je sais que je fais du mal à ma maman, à mon papa et à mon grand frère. Ça me rend très malheureux. Je les aime très fort, pour toute la vie.

L'atypique

Je sais que tu m'aimes très fort
À en remuer ciel et terre
Pour me protéger, ton trésor
L'enfant qui laisse un goût amer

Je ne suis pas si différent
Bien que je mes réactions t'étonnent
Je ressens juste différemment
D'où mes états qui te chiffonnent

Pour moi, c'est tout noir ou tout blanc
Je ne saisis pas les nuances
Alors j'essaie de faire semblant
Ferme les yeux et me balance

Un simple bruit me déraisonne
Une voix étrange me rend malade
Dans ma tête je fredonne
Ce qui m'apaise tout en « ballade »

J'aimerais me fondre dans la norme
Te satisfaire et t'apaiser
Paraître tel l'enfant conforme (qu'on forme ?)
Très épanoui, bien éduqué

Parfois, tu pleures et moi je ris
C'est sans doute parce que j'ai peur
Je n'entends plus ce que tu dis
Alors je crie toute ma frayeur

Ne me parle pas de symptômes
D'un comportement atypique
Après tout, je ne suis qu'un môme
Je tourne en rond, c'est mécanique

Épilogue 1

Si je n'avais pas été confronté à l'autisme de mon fils, je n'aurais jamais compris mes propres particularités dont j'ai tant souffert depuis ma plus tendre enfance. À mesure des difficultés en constante évolution avec Baptiste, je me suis enfin « rencontrée ». J'ai pu poser des mots sur mon chaotique vécu. À trente-cinq ans, j'ai découvert que moi aussi je suis atteinte de troubles du spectre autistique. Sans mon fils, j'aurais continué à traverser des passages à vide sans saisir ma fatigue démesurée et mon besoin de lâcher prise. J'ai repéré très tôt l'atypisme de Baptiste et la souffrance qu'il subissait, ignorant que je vivais la même chose. Je souffrais, dans l'ignorance. Sans lui, jamais je n'aurais pu identifier mes maux. Mon fils m'a sauvé la vie.

Dès mes premiers doutes concernant Baptiste, j'ai voulu qu'on m'écoute, que ce soit la famille, les amis ou les médecins.

Je ne saurais quantifier la haine que j'ai ressentie face à l'incompétence de nombreux professionnels de santé. J'ai constaté que l'autisme s'avère un monde peu connu, qu'il regorge de fausses croyances. J'ai retenu, face à mes premières interrogations, des propos insensés de la bouche de psychologues, personnes censées accompagner les familles en détresse. Les mots, les commentaires, les conseils semblables à des reproches, nous ont détruits à petit feu, jusqu'à la fabuleuse rencontre avec Estelle, la psychologue qui a accepté d'entendre notre détresse et d'y mettre des mots, sincères, évidents.

L'entourage s'est voulu bienveillant et compréhensif, abusant de phrases réconfortantes, bien souvent maladroites, qui au final, et malgré eux, nous blessaient profondément. Notamment les comparaisons « tu sais mes enfants aussi faisaient des colères et patati et patata… », ou les conseils qui n'ont aucun sens lorsqu'il s'agit d'autisme : « il te teste, ne te laisse pas faire, il sait ce qu'il fait, il n'est pas bête ».

Bien que cela nous paraissait insurmontable, terrassés par la fatigue et notre impuissance face à l'enfant, nous avons appris à passer outre ces commentaires. Nous saisissons que toutes ces belles paroles ne doivent pas nous atteindre, que l'autisme nécessite une éducation ciblée en fonction des difficultés de l'enfant. Les éducateurs et les psychologues spécialisés en autisme restent les mieux placés pour conseiller.

En tant que parents, nous apprenons chaque jour à nous faire confiance. Nous perdons souvent nos repères, nous nous posons souvent mille et une questions : colère ? Crise ? Caprice de l'enfant, ou trouble du spectre autistique ? Nous avançons, un pas après l'autre, avec nos propres armes, en fonction de notre fatigue, de nos émotions. Personne n'est parfait. Tant pis si notre enfant hurle des insultes dans une salle d'attente… Ne pas se fier au regard outré de la petite mamie assise en face de nous. L'enfant appelle juste au secours, à sa manière. Nous savons qu'il est terrorisé par les rendez-vous médicaux, qu'il exulte, enchaînant les comportements violents et les mots grossiers… Ce n'est pas volontaire de sa part. Nous savons qu'il doit travailler petit à petit la manière d'accueillir et d'exprimer ses angoisses. Pour le moment, les « putain » et les « ta gueule » fusent. Un jour, je l'espère, il trouvera une autre issue, grâce à nos efforts à tous, à notre compréhension et au soutien indispensable de l'équipe du Sessad.

Où sont passés nos beaux principes d'éducation ? Tout ce que nous avions mis en place avec Benjamin ? Ce dont nous étions si fiers en tant que parents. Emmanuel et moi étions raccords dans notre façon de l'éduquer. Par exemple, nous avons appris à Benjamin à s'exprimer par la parole. Quand il désirait quelque chose, il devait demander, avec un joli « s'il te plaît ». Pour Baptiste, nous nous attendions à mettre en place le même protocole, qui s'est avéré un réel échec. Chaque jour, nous apprenons à nous adapter à sa fragilité. Le Sessad nous guide, et heureusement, car il nous arrive de perdre nos repères.

Baptiste se laisse déborder par les mots, ce qui le noie dans un trop plein d'informations. Quand il est à fleur de peau, nous essayons de nous exprimer sans palabrer. Au début, ce n'est pas évident, de mettre en place cette nouvelle façon de communiquer, surtout quand ça interfère avec nos manières éducatives ! Nous passons par le geste, comme montrer avec le doigt quand il s'agit de lui demander ce qu'il désire : les pains au chocolat ou une tartine ? Un jus de fruits ou un cacao ? Chut… proposer, silencieusement, en pointant du doigt les choses… Incroyable, déroutant, mais cela l'aide beaucoup.

De la patience
Du soutien.
Des moments de répit, indispensables à notre santé.

L'avenir me terrorise. J'ai peur de moi-même craquer à nouveau terrassée par la fatigue qu'impose notre rythme de parents d'enfant extraordinaire. Mais j'ai confiance. Baptiste a de merveilleuses cartes à jouer. Un humour incroyable, des facultés intellectuelles très élevées, de l'empathie, de la douceur. Nous lui apportons le plus d'amour possible. Il est très attachant et touchant. Je sais qu'il finira par maîtriser ses émotions grâce à tous nos efforts, il finira par apprivoiser son autisme, le comprendre, l'accepter.

Aujourd'hui encore, après une crise démesurée, Baptiste m'a confié, du haut de ses six ans : « ce n'est pas juste, je voudrais ne pas être autiste. J'en ai marre de toutes mes crises ». J'ai reçu un coup de poignard en plein cœur. Je sais qu'il souffre de ses réactions impulsives, disproportionnées. Mais ce recul sur lui-même fait de lui une personne pleine d'empathie. Il s'en veut d'avoir été violent. Il observe toujours très attentivement mon regard. : exprime-t-il de la joie, de la colère ou de la fatigue ? Je le devine très inquiet des émotions qui me traversent.

Tu seras un homme formidable mon fils. Quoi qu'il advienne, tu resteras notre petit bonhomme d'amour…

Épilogue 2

Des mois, des années se sont écoulées…

Baptiste vient de souffler sa neuvième bougie.

Les progrès vont bon train, ce qui le rend très fier, surtout lorsque nous les mettons en valeur. Il a évolué, grâce à l'accompagnement mis en place. Je crois qu'il comprend sa particularité. Il exprime de plus en plus ses difficultés, ses doutes, ses besoins.

Finie la période du rose et des poupées ! Les Légos et les Playmobiles ont investi sa chambre. Il s'est trouvé à la fois une passion et un défouloir : la musique. D'abord la batterie, puis le piano. Il lit aussi beaucoup de BD, il les connaît par cœur. Il se passionne pour Mario Kart dont il me parle à longueur de journée. Si je le laissais faire, il passerait des heures à étudier les tactiques de jeu dans les vidéos des joueurs qui publient en ligne…

La nourriture reste difficile pour lui, mais il lui tient à cœur de faire des progrès. Il dit lui-même en avoir ras le bol des pâtes… Les bonnes odeurs qui émanent de la cuisine lui chatouillent les narines, ça lui donne envie de goûter, mais pour le moment il n'y parvient pas. Parfois, il tolère un nouvel ingrédient, ce qui représente une grande victoire pour nous quatre, alors il se réjouit de nos félicitations.

Il a saisi l'inutilité de faire une crise pour accepter de porter des vêtements propres. Bien que parfois cela puisse encore le déborder, il s'habille enfin seul et frotte le plus fort possible pour apprivoiser la matière sur sa peau. Généralement, il nous appelle à l'aide, car la pression doit être très forte. Il se contente toujours des joggings d'une marque spécifique, dont les coutures lui gratteront le moins possible les jambes. Pareil pour les T-shirts et les pulls… Il adorerait se vêtir d'un jean, car il trouve ça « classe », mais pour le moment il ne tolère pas la matière. Son apparence commence à sembler importante pour lui. Il a choisi de se laisser pousser les cheveux pour se donner « un style », son style à lui…

Certains jours, les difficultés s'accumulent, mais nous sommes confiants, vu son évolution.

Il s'en veut quand les émotions le débordent et qu'il ne trouve d'autres solutions que de partir en crise. Souvent, il pleure sans savoir pourquoi, alors je l'invite à déverser ses larmes sans retenue, je le serre dans mes bras et j'attends qu'il s'apaise enfin.

De mon côté, il m'a fallu du temps pour choisir enfin de partager ces mots, cette espèce de mise à nue de qui nous sommes vraiment, de qui je suis moi, en tant qu'épouse, mère et femme. J'éprouvais ce besoin salvateur de cracher nos maux sur le papier, ignorant si un jour je trouverais la force de les faire publier. Par peur, parfois par honte de cette image de maman qui flanche, et surtout par manque d'énergie, car nous en avons tellement puisé au plus profond de nous-mêmes pour tenir notre foyer en vie.

Cette affreuse période d'errance, dans l'attente d'un réel diagnostic, nous a laissé des séquelles. J'en souffre encore beaucoup et j'imagine à quel point d'autres familles se détruisent à petit feu à subir un quotidien similaire.

Pour autant, les particularités de notre fils et ce vécu semé d'embûches nous ont énormément fait grandir, j'en suis convaincue. Pour cause, Emmanuelle a découvert la gestion des émotions. Il est aujourd'hui, en plus de sa carrière de musicien et professeur de trompette, praticien en régulation émotionnelle selon la méthode TIPI. Benjamin quant à lui est devenu un collégien curieux, ouvert d'esprit, sensible et très attentionné envers les autres. Je sais que cette expérience, aussi difficile soit-elle, lui permettra d'aborder le monde qui l'entoure avec bienveillance. Et moi, jamais plus je ne me permettrai de juger l'éducation de n'importe quel parent. On ignore ce qu'il se passe chez les autres. De quel droit pouvons-nous critiquer sans savoir ?

Professionnellement, j'ai redécouvert mon métier de coach vocal, à l'affût de sans cesse améliorer ma pédagogie en m'adaptant au mieux aux personnes que j'accompagne.

Aujourd'hui, je décide enfin de partager notre histoire, dans l'espoir que cela pourra aider, tout simplement aider…

Remerciements

La fatigue a un impact très négatif sur la vie sociale. L'isolement s'installe progressivement, au rythme des difficultés. C'est comme ça. Mais je ne peux pas reprocher aux gens de s'être éloignés. Je crois que c'est nous qui avons chassé toute relation extérieure à notre cocon en situation de crise. Épuisés, démunis, négatifs.

Certaines personnes se sont montrées d'une bienveillance incroyable.

Des épaules chaleureuses sur lesquelles se poser le temps de quelques confidences.

Un soutien humain, vital.

Je ne pourrais terminer ces lignes sans remercier, au nom de notre petite famille :

Mathilde, Alexia et toute l'équipe du PCPE de Malzéville. Vous nous avez sorti la tête de l'eau dans les moments où nous étions au plus bas.

Géraldine, Sandra, Kelly, Camille et toute l'équipe du Sessad autisme de Lunéville.

Le personnel de l'école maternelle Louise Durival de Sommerviller, à l'écoute, prêt à nous accompagner dès notre première rencontre.

Sabine, notre nounou incroyablement bienveillante, sans qui nous nous serions écroulés plus d'une fois.

Estelle, notre psychologue, le soutien numéro un de notre famille.

L'équipe de l'hôpital de jour de Lunéville.

Merci à nos proches d'accepter de prendre le relais quand la fatigue nous dépasse.

Merci à ma maman, de croire en moi, d'avoir accepté de lire ces quelques mots sans jugement, et de m'accompagner lorsque j'en éprouve le besoin.

Merci Michel, toujours être prêt à nous rendre service, des petits bricolages dans la maison aux magnifiques photos qui immortalisent le présent.

Toi, mon amour, merci. Merci d'être toi, d'être nous, merci de m'avoir tenu la main dans les moments où je perdais pied. Merci de m'avoir crue, soutenue. Merci de m'avoir comprise, sans jugement. Merci de m'avoir sorti à temps de l'engrenage vicieux de la boisson, sans toi, je serais devenue alcoolique et suicidaire, sans aucun doute.

Et toi Benjamin, parce que tu te montres courageux, compatissant, même si souvent tu souffres de notre vie. Tu grandis, bien trop vite, mais je sais au fond de moi que tu as toute l'intelligence de te servir de cette expérience difficile pour ton avenir.

Imprimé en Allemagne
Achevé d'imprimer en mai 2023
Dépôt légal : mai 2023

Pour

Le Lys Bleu Éditions
40, rue du Louvre
75001 Paris

www.ingramcontent.com/pod-product-compliance
Lightning Source LLC
La Vergne TN
LVHW010559160826
845677LV00013B/3190
9791037795380